Adolf Muschg
Der Schein trügt nicht

Über Goethe

Insel Verlag

Für Bernhard Böschenstein

Satz & Druck: Memminger MedienCentrum AG
Printed in Germany
Erste Auflage 2004
ISBN 3-458-17201-7

1 2 3 4 5 6 – 09 08 07 06 05 04

Inhalt

Caspar Wolf, Eingang zur westlichen Beatushöhle
mit dem Efeubaum, 1776. Öl auf Leinwand, 54×76 cm
Aargauer Kunsthaus, Aarau

Vorwort, mit einem Bild

Einige der in diesem Band gesammelten Goethe-Reden wurden aus Anlaß seines 250. Geburtstags gehalten. Im letzten Jahr des 20. Jahrhunderts sah dieses gewissermaßen vergangener aus als heute, 2004. Man wollte seine Schrecken hinter sich haben. Zwar schwächelte die Wirtschaft, Arbeitsplätze wurden unsicher, doch in unserer Weltgegend klang das Kriegsgeräusch vorübergehend etwas weiter entfernt. Die Grundstimmung des Zeitgeistes blieb hedonistisch, mit einem Einschlag von sachlichem Zynismus; wenn die Lage, wie immer, katastrophal war, ganz ernst schien sie nicht. Von den Ungeheuern, die bei einer Jahrtausendwende aus Löchern und Lücken der kollektiven Phantasie zu kriechen pflegen, schien der »Millennium Bug« das auffälligste – eine zu spät entdeckte, dann nicht mehr korrigierbare Unfähigkeit der Rechner, auf hundert zu zählen.

1999 war auch ein Goethe-Jahr. Die Frage, ob Goethe Spaß mache, verstand sich als Respekt vor dem Publikum. War es auch bereit, diesen Spaß zu verstehen? Daran wurde in vielen Städten, die sich einer Verbindung mit dem Dichter rühmen durften, hart gearbeitet. Namentlich die Goethe-Städte Frankfurt und Weimar, aber auch das nach Goethe benannte weltweit tätige Kulturinstitut nahmen sich ein Jahresprogramm vor, in dem sich Ausstellungen, Vorträge, Inszenierungen und Events drängten. Wenn man die Bekanntschaft mit Goethe auch nicht geradezu voraussetzen durfte: vermitteln, simulieren ließ sie sich spielend, und die Figuren dazu, von Werther bis Mephisto, brauchte man nur aus seinem Fundus zu schöpfen und leibhaftig durch die Fußgängerzone spazieren zu lassen, den Herrn Geheimrat mit dem Ordensstern mitten unter ihnen.

Das Werk schien für die überall fällige Personifikation wie geschaffen. Goethe war ein dankbares Produkt, in das sich so manche Botschaft verpacken ließ und das sich zum Verkleiden nicht weniger eignete als zum Enthüllen. Es war die Stunde der Kulturmanager, Kulissenbauer, Stadtkosmetiker und Animatoren, und am Rande auch der Goethe-Fachleute, sofern sie sich willens und fähig zeigten, ihre Sachkenntnis zu entstauben. Die liebe Not, welche die deutsche Kultur mit ihrem obersten Repräsentanten hat, machte seine Präsentation erfinderisch, das mediale Know-how unterstützte die virtuelle Verbreitung und Vervielfältigung von Kulturgütern, ohne ihnen real nahe treten zu müssen. So gab es in Weimar das berühmte Gartenhaus an der Ilm zweimal: einmal zum Ansehen, ein zweites Mal, originalgetreu nachgebaut, zum Betreten und Anfassen. Die portable »Reisenatur«, über die sich Goethe im *Triumph der Empfindsamkeit* lustig gemacht hatte, war zweihundert Jahre später eine normale Kulturtechnik geworden, die das Verhältnis von Bild und Realität fast beliebig umzukehren erlaubte. Goethes Image mußte sich gefallen lassen, was dem Hofrat in Weimar selbst, als Veranstalter von Maskenzügen, Singspielen und Quodlibets, hatte gefallen müssen: das Publikum bei Laune zu halten und seinem kleinen Hof die nötige Popularität zu besorgen.

Meine eigene Beschäftigung mit Goethe hatte in den neunziger Jahren noch einen anderen Hintergrund. Das »Collegium Helveticum« an der Eidgenössischen Technischen Hochschule in Zürich, ein disziplinüberschreitendes Graduiertenkolleg, an dessen Gründung ich beteiligt war, versuchte C. P. Snows Faustskizze der »Zwei Kulturen« – einer geistes- und einer naturwissenschaftlichen – nicht durch ein vermeintlich besseres Modell, sondern durch eine exemplarische Praxis abzulösen, die dem seither eingetretenen Wandel in *beiden* Kulturen Rechnung trug. Bei dieser Beschäftigung diente uns Goethes Kunst- und Wissenschaftsverständnis als archimedischer Punkt, der in der Divergenz der Optiken die kulturelle Einheit der Materie zu sehen erlaubte. 1999 verabschiedete ich mich von der Professur mit einer Ausstellung über Goethes Naturwissenschaft im Zürcher »Strauhof«, die von Margrit Wyder eingerichtet wurde – die heutige Präsidentin der Schweizerischen Goethe-Gesellschaft war damals meine Assistentin, der ich auch für die Mitarbeit an diesem Buch sehr zu danken habe.

Goethe zu lesen ist ein wunderbarer Prozeß: da steht kein Satz, der nicht das Gefühl von Gegenwart stärken könnte, was bei abnehmender Lebenszeit eine besondere Gnade ist. Sie beruht auf einem Effekt der Entwaffnung: der Erfahrung, daß jede Wahrheit – auch die von Goethe selbst scheinbar unwidersprechlich ausgedrückte – an ihm einen unbeirrbaren, dabei gelassenen Gegenspieler besitzt. Der Liebhaber des »Gegenständlichen« ist selbst nicht dingfest zu machen, ein Proteus in jeglicher Gestalt: aber auch in jeder vollkommen eins mit sich selbst. Daß man das Ende Fausts mit gleichem Recht als Verklärung eines unermüdlich Strebenden und als Gericht über seine Verblendung lesen kann, deutet auf eine semantische Struktur, der mit »Entweder/Oder« sowenig beizukommen ist wie mit »Sowohl/Als auch«. Einer, der es wissen mußte, Schiller, schrieb Körner am 27. Juni 1796 kurz und gut: »Aber gegen Goethen bin und bleib ich eben ein poetischer Lump.« Und er kann den Trost des Freundes nur mit schwermütigem Einverständnis quittiert haben: »Bei Goethe, bilde ich mir ein, ist das *Spiel* der Phantasie das Erste. Durch dies entsteht die Gestalt. Sie kann nie geistlos sein, da sie sein Produkt ist, aber ob sie geistvoll sei, kümmert ihn nicht.« Mit dieser Unbekümmertheit scheint Goethes Dichtung auch den Genossen späterer Zeiten gelassen schuldig zu bleiben, was sie an eigenen Diskursen darin suchen, und ihnen dafür ungesucht das Unvordenkliche zu spenden: mit Goethes Wort liegt es auf der Hand, ganz das Rechte und zugleich ganz unwiederholbar. Sein Spielsinn hat eine Dimension, die der Regeln spottet; und ebenso erfüllt er sie, ohne sie je aufzustellen. Es scheint, Goethes Sprache korrespondiere mit einer Eigenschaft unseres Gehirns, widersprüchliche Information sinnreich zu bearbeiten, ohne sie dafür erst ordnen zu müssen; als spreche die komplexe Organisation des Lebens selbst durch die Zeichen, die Goethe setzt, und besteche durch die schöne Einfachheit, mit der sie die Aura des Vieldeutigen festhält. So entsteht der Eindruck, Goethe sei auch Antworten, die er – etwa in der modernen Naturwissenschaft – noch nicht kennen konnte, immer eine Frage voraus gewesen.

Der Leserin, dem Leser dieser Reden werden bestimmte Wiederholungen auffallen. Ich kann meine Vorliebe für bestimmte *Stellen* Goethes nicht verleugnen, aber es sind zuverlässig solche, von denen der Weg in mehr als *eine* Richtung führt.

Statt weiterer Einführung folge die Beschreibung eines Bildes, »Eingang zur westlichen Beatushöhle, das sich Caspar Wolf (1735-1783) von einer solchen »Stelle« gemacht hat.

Der Höhlenwolf

Machtvoll wie eine erhobene Pranke beherrscht die zentrale Finsternis das Bild. Ob sie Körper oder Vertiefung, dem Vorder- oder Hintergrund zuzuordnen ist, klärt sich erst auf den zweiten Blick: mit der menschlichen Figur in der linken unteren Bildecke. Sehr klein, aber durchaus nicht verschwindend, hält ein zeichnender Mensch die überlebensgroßen Verhältnisse fest, denen er ausgesetzt ist. Dazu sitzt er selbst auf einem Steinblock am Rand der dunkeln Masse, gegen die er forschend sein Gesicht erhebt, und macht sie als Eingang zu einer gähnenden Höhle erkennbar. Denn er sitzt im Licht, am ferneren Ende einer inselartigen Felsbank; sie teilt wie ein stehender Nachen die dem Höhleninneren entströmenden Wasser. Das Naturphänomen überwältigt den Zeichner nicht, er behandelt es als Gegenstand – der Erschütterung, der Faszination? Jedenfalls als Gegenstand der Kunst. Die Menschenfigur ist keine Staffage. Sie hält den Schlüssel zum Bild in der Hand, in der Form eines Stiftes.

Durch diesen Index wird das Bild zugleich als *gemaltes* ausgewiesen. Doch während der abgebildete Künstler noch mit Fertigen beschäftigt ist, sehen wir schon ein fertiges Bild, dasjenige des – als Figur darin »natürlich« nicht anwesenden – Malers Caspar Wolf. Nun ist es seine Figuration einer Landschaft, die bemerkt sein will, die Dynamik von Hell und Dunkel, Schatten und Licht, die er auf seiner Leinwand verteilt. *Was* der vom Bild eingefangene Maler sieht, kann der Betrachter nur vermuten; aber er kann sehen, reflektieren, beurteilen, *wie* sich der wahre (verschwundene) Maler zu seinem Gegenstand eingestellt hat.

11

Er läßt sehen, daß er ein aufregendes Motiv gewählt hat, doch er behandelt es unaufgeregt. Er hält die stärkste Bewegung des Bildes – die sich aufwerfende Höhlendunkelheit – durch eine Gegenbewegung in Schach: der hochstrebende Efeubaum scheint sich im unteren Teil unter Druck wegzubiegen – der Stamm nimmt eine fast kokette Pose ein – und hält im oberen Teil bis über den Bildrand hinaus mühelos dagegen. Das Zweigwerk streckt sich eigensinnig nach allen Richtungen, weil es sich am hellen Fels festhalten kann, der mit allen Weißtönen von fahler Kreide bis zu warmem Ocker das *Trompe-l'œil* einer quasi-autonomen Landschaftlichkeit entfaltet. Gegen den Hintergrund scheint sie sich zu einem fernen Gipfel zu verjüngen. Oder ist der suggestive Grat vielmehr der gerundete Rand einer angeschnittenen Lücke im Fels? Diese Lesart wird durch die Wiederholung der Höhlenform neben dem Efeustamm bestätigt. Der Fels ist löchrig, demnach muß das Löchrige Fels sein. Und doch lappt er wie eine Schneezunge vor das Dunkel der Haupthöhle, in der seine Helligkeit in abgeschatteten Farbstufen verschwindet: eine exakte Recherche der Finsternis als »farbiger Rand«. Das Bild schielt nicht nach dem »malerischen« Potential seiner Motive; es sind die »Taten und Leiden des Lichts« selbst, mit denen es sich beschäftigt. Mit halb geschlossenen Augen läßt sich das großformige Spiel von Dunkel und Hell wie eine fernöstliche Kalligraphie lesen.

Im wieder eingeschalteten Licht unseres Kulturkreises tritt die kleine Menschengestalt nun erst recht bedeutungsvoll hervor. Der Block im Fluß, auf dem sie arbeitet, bildet das Widerlager der nach rechts drängenden Helldunkel-Massen und hält sie in der Balance wie ein an der richtigen Stelle eingeschlagener Nagel. Gebannt, wie der Zeichner von der eröffneten Unterwelt sein mag, bannt er sie zugleich mit dem Gegenzauber des Stifts. Doch er ist ein *gemalter* Maler, und der Maler Caspar Wolf, der ihn ins Bild gesetzt hat, illustriert mit dieser Figur, wie er sein Bild betrachtet sehen will. Das Naturschauspiel hat eine mythische Dimension, doch der Repräsentant der Menschheit soll ihm mit Fassung begegnen. Es will festgehalten sein; dafür muß sich die Kunst selbst festhalten. Was dem Efeu die Felswand, das sei dem Künstler die Leinwand. Das ist eine Prüfung, die sich für die Malerei durch eine gesteigerte Topographie unerhört verschärft hat. Denn die Alpen, das Hochgebirge sind für den Geist des 18. Jahrhunderts zum Bild eines seiner Leitmotive geworden: des *Erhabenen*. Dieses ist eine zweischneidige Übergröße. Sie kann das Gefühl nicht erheben, ohne die Vernunft herauszufordern und die Menschengröße zu kränken. Aber eben darin will sich das Format der Epoche beweisen. Sie erobert sich eine Schönheit, die nicht mehr schön ist wie die klassizistische oder idyllisch wie die des Rokoko, sondern Überwindung verlangt. Das übermächtige Objekt fordert ein wissendes Subjekt heraus. Die Balance zwischen beiden ist mehr als ein akademisches Kunst-Stück, sie ist ein Abenteuer der Forschung.

Der Berg war der Ort, wo der jüdische und der christliche Glaube seinem Gott (und nicht weniger dem Teufel) leibhaftig begegneten. Auch für das säkularisierte Empfinden hat sich das Seelenwagnis nicht auf bloße Lebensgefahr reduziert. Die heilige Scheu ist nicht nur geblieben, sie wurde durch veränderte Formen des Gottesdienstes – die wissenschaftlich gestützten – neu geweckt. Wer sie in künstlerischer Absicht überwinden will, wie Albrecht von Haller in seinen *Alpen* oder nach ihm der Maler Caspar Wolf, muß sich noch immer eines höheren Beistands versichern.

Diesen erwartete sich die Aufklärung von einem vertieften Verständnis der »Natur«. Die theologische Erinnerung, daß wir von Natur zum Tode geschaffen sind, wird von einer neuen Zuversicht überstimmt: daß das Bedrohliche zugleich das Rettende sei; daß das innerste Gesetz der Natur unserem eigenen entspreche. Der Bildung der Alpen liege dieselbe schöpferische Maxime zugrunde wie der Bildung des Auges, das sie wahrnimmt, und der Kunst, die sie reproduziert. Nicht nur Gipfel und Abgründe sind Natur: Shakespeare ist es auch. Wer es fassen kann, fasse es: unseresgleichen geschieht auch im Hochgebirge. Nur geschieht es realiter im Maßstab von Äonen, während das Kunstwerk vergleichsweise ein Werk des Augenblicks ist. Aber als Werk der vergeistigten Natur erhebt es Anspruch auf eine ganz eigene Ewigkeit.

Es ist dieser Glaube an die Konvergenz von Kunst und Natur, der die Haltung des abgebildeten Malers selbstbewußt macht; er liegt auch dem Selbstverständnis des malenden Caspar Wolf zugrunde. In der Erhabenheit, die ihm begegnet, glaubt er zugleich sich selbst auf den Grund zu kommen. Doch wenn dem Gefühl die Universalsprache der Natur geschenkt ist: in der Kunst will sie genau gelernt sein – das Vokabular der Steine, die Syntax der Geologie, das Lexikon der Pflanzen und Tiere, die Rhetorik der Atmosphäre. Je weiter der Künstler sein Studium treibt, desto reicher zeigt sich sein Gegenstand. Denn unsere Analogie mit der Natur ist unerschöpflich.

Die Sprache, in der sie zu einem Künstler wie Caspar Wolf spricht, ist darum nicht mehr diejenige der barocken Allegorie, ebensowenig die der arkadischen Idylle. Sie begegnet ihm auch als Fremdsprache. Das Erhabene ist unheimlich. Die

Natur geht über den Menschen hinweg, als wäre er nichts. Auf ihre Teilnahme ist nicht zu rechnen. Sie spielt mit Furcht und Schrecken; sie schließt das Grauen vor uns selbst ein. Darum hat man ihr wissend zu begegnen, und dieses Wissen macht frei zu einem Satz wie diesem:»Der Tod ist ihr Kunstgriff, viel Leben zu haben.« Dem menschlichen Künstler wird die Höhe dieser Einsicht abverlangt. Auf der Höhe des Gebirges, an der»Grenze der Menschheit«, ist die *Ehrfurcht*, die unsterbliche Schwester der Furcht, die schützende Gottheit, die ihm die Hand führen muß. Sie zeigt ihm: es gibt keine Stelle der Welt, die für die Kunst verloren ist, oder diese vor ihr.

Ich habe hier Worte aus der Sphäre Goethes verwendet, weil keine auf Wolfs»Beatushöhle« genauer passen. Drei Jahre später hat Goethe auf seiner zweiten Schweizer Reise an derselben Stelle gestanden. Am 14. Oktober 1779 vermerkt das Journal des Dieners Seidel die Höhle, die»vorn über 3 Mannshöhe hat, hinten aber steigend niedriger wird«, und Goethe setzt eigenhändig hinzu:»daneben [. . .] ist ein heiliger Epheustamm hoch den Fels hinan gelaufen, dessen Zweige feierlich drüber herabhängen, eine Kanaillehand hat ihn und wohl erst vor einigen Tagen unten durchgehauen.« Wie sehr ihm das Sakrileg ans Lebendige ging, verrät die Elegie *Amyntas*, verfaßt 1797 auf der letzten Schweizer Reise: Darin phantasiert er sich als Baum, dem die schmarotzende Umarmung des Efeus unentbehrlich geworden ist:»Halte das Messer zurück! O Nikias, schone den Armen / Der sich in liebender Lust, willig gezwungen, verzehrt! / Süß ist jede Verschwendung; o laß mich der schönsten genießen! / Wer sich der Liebe vertraut, / hält er sein Leben zu Rat?«

Der Zeichner in der unteren Ecke könnte das vorweggenommene Bild des Dichters sein, der sich für die Höhle mit der Lektüre Homers – der Erzählung von den männermordenden Sirenen – gewappnet hat. Er hat das Bild des Berner Oberlandes leiblich betreten, in das Caspar Wolf zeitgenössische Alpenpilger mit seinem berühmten »Gemälde Cabinet« gesetzt hat, und der Berner Theologe Wyttenbach hat beiden als Führer gedient, real seinem Freund Wolf, Goethe buchmäßig mit den »kurze[n] Anleitungen für diejenigen, welche eine Reise durch einen Theil der merkwürdigen Alpgegenden des Lauterbrunnenthales, Grindelwald und Meyringen nach Bern zurück machen wollen«. Nach Bern kehrte Goethe nicht zurück, es drängte ihn weiter ins Innere der Alpen, wo die »Gegenstände [. . .] zu dem Begriff der menschlichen Seele« nicht mehr »proportionirt« sind – »gegen das übergrosse ist und bleibt man zu klein.« Und doch wollte die »große Mutter« bis hinauf in den Tiefschnee des Furka-Übergangs versucht sein, damit er sein Leben von ihr neu geschenkt nehmen dürfe.

Damit sprengte er auch das Bild, das sich seine Zeit von der »Schicklichkeit« künstlerischer Repräsentation machte. Doch am Ende einer Konvention dämmert immer auch der Anfang einer neuen. Dieser ist schon auf den Alpenstücken Wolfs zu ahnen, der sich den Zeitgenossen als »Höhlenwolf« eingeprägt hat. Aber je radikaler er sich auf seine Gegenstände einließ, desto erkennbarer begann die Kunst bereits das »Gegenständliche« daran zu verzehren. So ist die Schlüsselfigur des Bildes am Ende weder der gemalte Maler in seinem Winkel noch der Maler Caspar Wolf, der sich in dieser Figur zugleich vergegenständlicht und relativiert. Das Bild selbst beginnt eine Sprache zu sprechen, die weiter ist als beide – und die wir, die Nachgeborenen, lesen können, weil sie uns in späteren Bildern (etwa Turners) geläufig geworden ist. Vielleicht steht uns aber auch die Entdeckung bevor, die weder Wolf noch Goethe überrascht hätte: daß auch die »absolute« Kunst, mit ihrem Schein von Autonomie (und ebenso der regelmäßig ausgerufene Tod der Kunst), nichts anderes ist als der »Kunstgriff der Natur, viel Leben zu haben«.

Goethe light

Wissen Sie, wann das Leben anfängt? Nein, den Witz, an den Sie jetzt denken, meine ich nicht. Das Leben fängt an, wenn Sie eine Straße sperren. So geschehen – und von Goethe beschrieben – in *Das Römische Carneval*, einem Höhepunkt seiner italienischen Reise 1786. Eine Barriere beim Obelisken der Piazza del Popolo, eine beim Palazzo Venezia, und die drei Kilometer lange Straße dazwischen wird zum Corso, zu deutsch: zur Laufbahn. Nur: von Laufen kann erst einmal keine Rede mehr sein. Das Gedränge läßt den Kutschen gerade so viel Raum, daß sie die Strecke im Schrittempo abfahren können. Aber man hat nicht angespannt, um vom Fleck zu kommen, sondern um sich zu zeigen. Die gehobene Welt wird von zahllosen Masken zu Fuß bedrängt, belacht, mit Konfetti oder Bonbons eingedeckt. Frauen kommen im Männerkostüm und umgekehrt, dafür sehen echte Geistliche wie verkleidet aus, und der Wache leistet man erst Folge, wenn sie die Strecke für das allabendliche Pferderennen räumt. Die närrischen Tage bieten dem Erzähler ein Konzentrat jenes freien Lebens, das er in Italien gesucht und für sich selbst gefunden hat. Hier geht ihm ein scheinbares Paradox in Fleisch und Blut über: man muß das Leben nur an Grenzen binden, um es ins scheinbar Unbegrenzte zu steigern. In Italien erlebt er als soziales und kulturelles Phänomen, was er in den Rang eines Naturgesetzes erheben wird: Begrenzungen sind keine Hindernisse des Lebens, sie sind seine Bedingung.

Nach der Rückkehr muß ihm das Studium der Farben das südliche Licht ersetzen. Und nun bestätigt es ihm auch seine Physik: Farben entstehen als Grenzphänomene zwischen Hell und Dunkel. Die Ränder sind die Zone des Wachstums; hier bilden die Kontrahenten ein Drittes, erzeugen die Pole Spannung, den Corso des Lebens. Lineares Wachstum bleibt für Goethe gestaltlos, es kommt eigentlich nur als bösartiges oder rein mathematisches vor, was für ihn fast auf eins hinausläuft. Das Leben bedarf der Nische, eines polarisierenden Gefäßes, um die ihm eingeprägte Form erst zu finden, dann zu entwickeln.

Aber auch Entwicklung bedeutet wiederum neue Begrenzung. Für die Farbe heißt das: sie rundet sich zum Farbkreis, für die Pflanze: ihr Wachstum tendiert zur Spirale. Nur wenn Materie erstarrt, verfällt sie der geraden Linie. Soll ihre Essenz beweglich bleiben, nimmt sie Kugelform an, vom Tautropfen bis zum Himmelskörper. Auch die Erde hat Goethe als atmende Sphäre gesehen, eingehüllt vom Schutzmantel ihrer Atmosphäre – damit nahm er die »Gaia-Theorie« der modernen Lebenswissenschaft vorweg. Jenseits erstreckt sich der ungeheure, darum leblose Raum, ein kosmisches Vakuum, in dem sich das Perpetuum mobile des Sonnensystems nach Newtonschen Gesetzen drehen mag. Aber für dieses Universum sind wir nicht geschaffen, und seine Sprache, die reine Mathematik, hat unseren Sinnen nichts zu sagen: sie kommandiert Verhältnisse, aber entwickelt keine bildende Kraft.

Das sehen wir – dank einer zu Goethes Zeiten noch unvorstellbaren Teleskopie – inzwischen anders. Aber wir wissen, daß Goethe bei den Wissenschaftlern seiner Zeit schon mit seiner Farbenlehre in Teufels Küche kam. Das hätte den Schöpfer Mephistos eigentlich nicht stören dürfen. Dies war aber nun der eine Fall seines Forscherlebens, wo er keinen Spaß verstand. Denn im Newtonschen Spektrum steckt für ihn nicht nur der Teufel, sondern auch der Tod, will sagen: Hier drohte die Entleibung, Entsinnlichung eines Phänomens. Nicht umsonst hat er »Spektrum« eher boshaft als korrekt als »Gespenst« verdeutscht.

Denn was hatte der große Physiker dem reinen Licht angetan? Er hatte es zu einem einzigen Strahl verdünnt, durch ein Löchlein in eine Dunkelkammer gezwängt und in einer vertrackten Apparatur gebrochen – nur um zu zeigen, daß das Licht so rein, wie es wirkte, nicht war, sondern aus allen Farben zusammengesetzt. Dieses erpreßte Geständnis beleidigte nicht nur Goethes Sinn für Umgangsformen mit der Natur, es widersprach seiner Erfahrung. Denn was er »Theorie« zu nennen bereit war, konnte er nur als Organisation von Erfahrung gelten lassen, als »vermannigfaltigten«, aber keineswegs verallgemeinerbaren Versuch. Mit der Isolationshaft des Lichtes hatte Newton seinen Zusammenhang mit dem natürlichen Auge geradezu verdunkelt und vom beobachteten Phänomen das Lebendige wegabstrahiert: Fülle, Einheit, Beziehungsfähigkeit. Die Wahrnehmung allein war für Goethe das Fundament jener Wahrheit, die uns bekam und gebührte. Denn sie akzeptierte den Gegenstand in der Form, in der es ihm gefiel, uns zu *erscheinen*. Jede sogenannte Wahrheit mochte trügen; der Schein trog nicht.

Mit Goethes Respekt vor Würde und Eigen-Sinn des Objekts hätte es die moderne Naturwissenschaft, zumal in ihrer technologischen Anwendung, nicht »so herrlich weit gebracht«. Sie hat den Leitfaden des Newtonschen Spektrums nach beiden Seiten weiter ausgerollt, und auf dem endlosen Band elektromagnetischer Wellen nehmen die Farben, die wir sehen können, nur einen bescheidenen Platz ein. Auch die Wellen, die wir mit den Sinnen auffangen, sind längst nicht alles, was wir in Ångström messen können; wenn wir einige davon zu spüren bekommen, kann es für Leben und Gesundheit zu spät sein. Wir können Effekte nützen, ohne exakt sagen zu können, womit wir es zu tun haben, und brauchen das Auge nicht mehr, wie Goethe,»sonnenhaft« zu nennen. Die Farbstäbchen lassen sich dingfest machen, die uns den Dienst von Rezeptoren tun. Nur: wie übersetzt unser neurologisches System diese Informationen in die Empfindung vor einem Sonnenaufgang? Je weiter unser Gehirn in seiner eigenen Erforschung fortschreitet, desto sicherer scheint jeder Durchbruch des Wissens neue Welten des Nichtwissens aufzuschließen. Zwischen den Farben, die wir als elektromagnetische Wellen definieren können, und der Farbe, die wir für ein Kleid wählen oder an einem Haar lieben, liegt eine Black Box, in der das Programm Wissenschaft zuverlässig abstürzt.

Wir verfügen in jedem Teilbereich von Goethes Themen über ein ganz anderes Breitbandwissen – um den Preis, daß wir die Bänder nicht mehr verknüpfen können. Sie flattern uns, karnevalistisch gesprochen, als endlose Papierschlangen um den Kopf. »Du gleichst dem Geist, den du begreifst, / Nicht mir!«, antwortete der Erdgeist auf Fausts Beschwörung. Gleicht die Realität, die wir erzeugen, den Modellen, die wir uns von ihr errechnen – oder erfassen wir an ihr nur noch, was diesen Modellen gleicht, und versuchen aus den Eigenschaften eines Backsteins diejenigen einer Kathedrale abzuleiten? Die Reduktion aller uns begegnenden Naturgrößen auf überall geltende und jederzeit nachprüfbare Zahlenverhältnisse ist überaus praktisch. Im Zuständigkeitsbereich der Newtonschen Physik bewährt sie sich für alles, was ihr gleicht. Aber wir brauchen auf der unbegrenzten Skala nur nach unten und nach oben lange genug weiterzumessen, dann spielen die Objekte nicht mehr mit. Im Nanobereich können wir sie nicht mehr messen, ohne sie durch die Messung selbst zu verändern; im astrophysikalischen Bereich spotten sie unserer Meßgrößen. So wird aus Newtons Spektrum – einem kalkulierbaren Hausgespenst – ein ganzer Hexensabbat, und das Meßband verwickelt sich zu einem Escherschen Trompe-l'œil.

Heißt das, daß die Natur die Grenze, welche der lineare Fortschritt nicht kennen will, selber setzt – wenn auch nicht eben da, wo Goethes Welt einmal aufgehört hat? Ist er einfach dem Prinzip Realität sensibler gerecht geworden? Ist Kafkas Schloß nur ein Phantombild der Tatsache, daß der Landvermesser K. seinen Auftrag nicht versteht? Was die Unwissenschaftlichkeit von Goethes Ansatz betrifft, so hat Werner Heisenberg, also einer, der es wissen müßte, dazu eine ganz eigene Meinung: »Wenn man [. . .] fragt, warum die Newtonsche Optik den Sieg über die Goethesche Farbenlehre davongetragen hat, so wird man neben manchen andern Gründen feststellen können, daß zwar sehr viele Menschen erfolgreich an der Weiterbildung und der Nutzanwendung der Newtonschen Optik arbeiten konnten, daß aber zur Weiterbildung der Goetheschen Farbenlehre eine sehr hohe künstlerische und wissenschaftliche Begabung nötig gewesen wäre.«

Begabung, Bildung – dabei könnte es um die Kunst gehen, wie man Lasten ohne überflüssigen Aufwand bewegt. Dafür hat sich der praktische Menschenverstand schon lange bestimmter Tricks bedient. Beim Flaschenzug spielt, wie beim Fahrrad, die richtige Übersetzung eine Rolle; für die Bewegung eines Balkens – oder einer Marionette – arbeitet man mit dem richtigen Schwerpunkt, und dabei bleibt man am besten auch selbst im Gleichgewicht.

Goethe hat von einem »deutsch« genannten Charakter gesagt, über ihm werde alles schwer, und er werde schwer über allem. Goethe *light* – ich möchte Sie mit dem ihm eigenen Leichtsinn bekannt machen, und zwar gerade in dem Punkt, wo es eben noch besonders ernst galt: beim Setzen von Grenzen. Nach dem römischen Beispiel, in dem sie Leben gestiftet haben, ist nun eines fällig, wo sie Leben verhindern. Das Lob der Grenzüberschreitung war Goethe früher so »natürlich« wie irgendeinem jungen Menschen; als Dichter des *Werther* und des *Prometheus* war er sogar notorisch dafür. Aber ich halte mich an ein Zeugnis des alten Mannes, das naturwissenschaftlich wie literarisch aus dem Rahmen fällt: die Fabrikation einer Künstlichen Intelligenz in *Faust II*.

Ihr Schöpfer ist jener Famulus Wagner, der sich früher für seine Zuversicht, »wie wir's dann zuletzt so herrlich weit gebracht«, Fausts ironische Entgegnung einhandelt: »O ja, bis an die Sterne weit!« Wenn Faust nicht gerade im Heilschlaf läge, müßte er seinem Wagner zu einem wissenschaftlichen Durchbruch gratulieren. Der forschende Junggeselle hat einen Weg gefunden, die Sexualität – und auch Mutter Natur – beim Zeugen überflüssig zu machen. Wissenschaftshistorisch betrachtet war der Homunculus, das Kunstmenschlein, das sich Wagner in der Retorte gezogen hat, ein Produkt der Harnstoff-Kristallisation, der man damals die Genese von Leben zutraute. Und die Kopfgeburt im Glas deutet auch gleich an, daß sie sich auf Männerwitz versteht. Dann aber emanzipiert sie sich von ihrem Erzeuger und entschwebt über alle Berge ans griechische Meer. Homunculus will »im besten Sinn entstehn« – er hat nichts Dringenderes zu tun, als seine lebensrettende Raumkapsel am Muschelwagen der Liebesgöttin Galathee zu zerschlagen, um als Einzeller im mythologischen Fruchtwasser wieder ganz von vorn anzufangen. Damit kehrt er auf den biologischen Dienstweg der natürlichen Evolution zurück.

Der Leichtsinn verlangt die Feststellung, daß Goethe sich widerspricht. Am Römischen Karneval bedurfte es nur eines begrenzten Raums, damit sich darin alles erdenkliche Leben von selbst entwickelte. Homunculus aber – und Faust erst recht – drängen um jeden Preis aus ihren begrenzten Bedingungen heraus. Ihnen wird das Gefäß zum Gefängnis, und um es zu sprengen, scheute Faust auch nicht davor zurück, seine Seele dem Teufel zu verpfänden. Nur: sein ungeduldiger Geist bewohnt immer noch einen organisierten Leib, und diesem ist das morphologische Programm – das Potential zur Bildung – von Haus aus eingeschrieben. Faust mag irren, wie er will und muß: die Natur selbst ist es, die in ihm einer höheren Form entgegenstrebt, und solange er tätig ist, wird sie ihn nicht fallenlassen. Dagegen verfügt Homunculus, die Super-Intelligenz, als chemisch-mineralogisches Produkt nur über ein eingeschränktes Entwicklungsrepertoire. In der anorganischen Physik geht es bei Goethe geometrisch, mit Ecken und Kanten, darum keineswegs unspektakulär zu: mineralische Kristalle oder diejenigen der Schneeflocken kann man auch zum Vollkommensten zählen, was dem Auge begegnet. Nur: sie leben nicht, und daß sie den Sternen gleichen, kann er nicht für Zufall halten. Denn im Fundament wie am Firmament der Schöpfung herrscht gewissermaßen Gesetzmäßigkeit pur – oder so pur wie möglich. Aber die Beweglichkeit solcher Körper ist eingeschränkt, und jede Steigerung führt zur Zerstörung ihrer Form. Schreiten sie aus ihrer Bahn, so werden sie ruiniert, wie die künstliche Intelligenz des Homunculus im Naturlaboratorium der »Klassischen Walpurgisnacht«.

Goethe hat den Fall unnachgiebiger Vollkommenheit an der Ottilie seiner *Wahlverwandtschaften* durchgespielt. Sie ist den Sternen verwandt und besitzt zugleich einen Blick in die verborgenen Schichten der Erde. Ihre Eigenschaften sprengen die Beziehungschemie auf dem Gutshof; dabei oszilliert ihre Gestalt zwischen derjenigen der heiligen Unschuld und der Hexe. Aber auch ihre Selbstzerstörung, mit der sie ihr polares Gegenstück, den quasi fließenden Charakter Eduards, vollends liquidiert, hat seine naturgesetzliche Richtigkeit. Goethe setzt seine poetische Alchemie einer in seinem Sinn »dämonischen« Intervention aus – derjenigen einer unbedingt, darum auch nicht ganz »menschlich« Liebenden. Ottilies Tagebucheinträge – »jedes ausgesprochene Wort erregt den Gegensinn« – belegen die polarisierende Kraft ihrer Intelligenz; im Internat hat sie als zurückgebliebene Schülerin gegolten.

Nebenbei gefragt: Wie hätte Goethe den Sprung beurteilt, den unsere Zivilisation mit Hilfe der Eigenschaften des Silikonkristalls getan hat? Sie erlauben, eine zum Beherrschen gedachte Welt auf der schlichten Grundlage von polarisierenden o-1-Entscheidungen zu konstruieren. Goethe hätte sich kaum gewundert, daß dieser Modellbaustein unter hochsterilen Bedingungen gewonnen werden muß. Und noch weniger, daß seine Baumeister, als es darauf ankam – Stichwort: Millennium Bug – vergessen hatten, wie man auf hundert zählt.

»Digital Divide« – der Rechner neigt, wie Goethes Ottilie, zum Absturz, wenn er im Umgang mit sogenannter Komplexität überfordert ist. Das Inkalkulable – für Goethe: ein reines Naturprodukt – übersetzt er sich als »Fuzzy Logic« oder meldet Chaos, wo er etwas in Goethes Augen überaus Gesetzmäßigem begegnet: einer nächsthöheren Stufe von Organisation. Für Goethe wäre der Versuch, sie mit Hilfe neuer Parameter mit einem »System« kompatibel zu machen, selbst der Fehler, den er zu beheben trachtet. Denn das Organische läßt sich nicht aufgrund abstrakter Prämissen modellieren, und das Mathematische ist nicht zuständig für das Gebildete.

Allerdings: In den *Wahlverwandtschaften* macht Goethe die Gegenprobe, und was in der Natur nicht sein soll, probiert die Kunst als Fallstudie einer gesellschaftlichen Tragödie aus. Und noch mehr: die weder bildsame noch biegsame Ottilie, welche jede vernünftige Gesellschaft fürchten muß, besitzt sein Herz. Er liebt seine Figur dafür, daß ihre Natur nur Entweder-Oder kennt – also gerade die Eigenschaft zeigt, für die er die formalisierte Logik nicht lieben kann. Denn unter denen, die nichts weiter sind als human, wirkt sie, Ottilie, als die Inkalkulable. In ihr verbirgt sich ein ganz eigenes, unheimliches Entwicklungsgesetz, ihr liefert der Autor die Entelechie seines Romans aus, auch wenn sie ihn in die Katastrophe führt, über die »Grenzen der Menschheit« hinaus. Das Mathematische mag nicht zuständig sein für das Gebildete. Aber das Gebildete weiß nichts, oder nie genug, von der Strenge der Seele.

Wenn Mathematik immer noch einigen Schülern Spaß macht – bei »Bildung« hört er für die meisten auf. Für Goethe fängt er da erst richtig an. Leider haben wir verlernt, »Bildung« so elementar zu verstehen wie er. Für Goethe ist nicht erst der Akademiker gebildet – vielleicht weniger als der Kiesel, den er warf, als er es noch nicht so herrlich weit gebracht hatte. Gebildet ist schon jedes Stück Natur in unserer Hand, auch der Stein ist ein Gegenstand »zarter Empirie«, und seine Bildung setzt sich fort, »steigert« sich in der Spur, die er in die Organisation des menschlichen Subjekts zeichnet. Die in Goethes Sinn gebildete Frage gilt daher nie zuerst dem Woher, Wozu und Warum eines Gegenstandes, sondern seinem Wie. Das morphologische Interesse verweilt beim Phänomenalen des Gegenstandes. Sie führt niemals voreilig vom Einzelnen weg in die Abstraktion oder die Reduktion, sondern immer tiefer ins Lebendige hinein. Die Bildung der Dinge sei, nach Goethe, ihre Mitgift an unsere eigene Entwicklungsfähigkeit, und sie appelliert an die gemeinsame Naturverwandtschaft. Forschung in Goethes Sinn ist geschwisterliche – wir würden sagen: ökologische Liebesmüh. Sie offenbart mit jedem »Aperçu« die gemeinschaftliche Wurzel von Subjekt und Objekt im Reich der »Großen Mutter«, deren Einfallsreichtum jeder Verallgemeinerung spottet. »Was ist das Allgemeine? Der einzelne Fall.«

Auf diese Kernmaxime von Goethes Naturwissenschaft läßt sich freilich keinerlei Statistik gründen, geschweige denn eine grenzenlose Technologie oder eine globale Ökonomie. Beide leben vom Bedürfnis, das Wie der Objekte hinter das Wozu zurückzustellen – für Goethe: eine barbarische Praxis. Wenn der »Wilde« die Natur instrumentalisiert, tut er es aus Not, doch nie, ohne dem Tier, das er für den eigenen Lebensunterhalt tötet, die Ehrfurcht oder gar religiöse Verehrung schuldig zu bleiben. Es gehören Barbaren dazu, das Produkt der Schöpfung ohne Not als »Verbraucher« zu behandeln. Daß der Mensch die eigene Würde aus den Umgangsformen mit seinen Gegenständen zieht, daß sich in seinen Materien nicht nur etymologisch »Mutterstoff« verbirgt, gehört zu den verlorenen Erinnerungen der Zivilisation. Der Gewinn, den sie aus diesem Verlust gezogen hat, mag zu ihrem sprunghaften Fortschritt viel beigetragen haben. Sie hat uns ebensoweit von Goethes Natur entfernt und zugleich dem, was für ihn »Bildung« heißt, den Boden entzogen.

Goethes Frage an die Gegenstände seines Interesses bleibt diejenige des Liebhabers – keineswegs abschätzig betrachtet er sich selbst als »Dilettanten« – und lautet darum nicht: was mache ich mir daraus? sondern: was macht das aus mir? An diesem Punkt beginnt Goethes Spaß. Denn da glaubt er auch dem der Natur eigenen Humor am nächsten zu sein, der Quelle eines unerschöpflichen Spieltriebs, der sich im Menschen einen adäquaten, einen bewußten Gefährten sucht. In ihm will das Gesetz, das er in der Natur beobachtet, durch »Steigerung« beweglich werden, ein Stück Freiheit, mit dem er seine Grenzen überschreitet, ohne ihren Schutz entbehren zu müssen – in dem er aber auch bereit ist, den Eigensinn der Natur zu ertragen und sich ihren Widersprüchen auszusetzen. Damit aber die Frage an die Natur den Frager selbst bilde, kann sie nicht geduldig genug gestellt sein. Übereilung war für Goethe der Ursprung aller Übel, die durch den Menschen in die Welt gekommen sind. Ganz ähnlich hat später auch Kafka in seinem Tagebuch die Ungeduld, »ein scheinbares Einpfählen der scheinbaren Sache« für den Verlust des Paradieses verantwortlich gemacht.

»Spaß« – wieviel Ernst dazu gehört, ihn zu verstehen, hat Goethe auch in eigener Sache mit der Charakteristik seines *Faust* – »diese sehr ernsten Scherze« – mehr als deutlich gemacht. Daß man beim Spieltrieb der Natur auf die größten Überraschungen gefaßt sein muß, daß es ihr auch nichts ausmacht, daß es ihr *zusteht*, dem Bedürfnis nach Ordnung und Stetigkeit böse Streiche zu spielen, hat er sich nicht verhehlt – auch wenn er gewissermaßen Gegenrecht hielt und sich die Freiheit nahm, darauf nicht einzugehen. Etwa auf die Hauptrolle des ungeliebten Vulkanismus bei der Bildung der Erde, die er – spätestens nach den Zeugnissen Alexander von Humboldts – immer weniger leugnen konnte. Dafür ließ er sie getrost des Teufels sein – sogar im empfindlichen Fall der Alpenbildung, bei der Mephisto persönlich dabeigewesen sein wollte. Warum sollte er ihm widersprechen? Daß Goethes quasi höchstpersönliches Urgestein, der Granit, auf den er seinen ungeschriebenen »Roman über das Weltall« hatte gründen wollen, schon auf dem Brocken ein »Teufelsaltar« gewesen war und als Tanzplatz der Hexen gedient hatte, war ihm nichts Neues. Er leistete sich immer noch den Spaß, sich aus der Natur eben nur das zu nehmen, was zu seiner persönlichen Bildung beitrug, und dabei war er nicht zimperlicher als sie selbst. In der Geschichte beispielsweise sah er kein bildungswürdiges Naturgesetz am Werk, und der Satz : »den Tod aber statuiere ich nicht«, zu dem sich der alte Mann im Gespräch verstieg, war wohl das stärkste Stück von Selbstbehauptung angesichts anderslautender und durchaus widerwärtiger Tatsachen. Das Gegenspiel, das er im Namen *seiner* Natur anzettelte, lautete »Tätigkeit«. Von dieser erhoffte er sich eine Metamorphose, über welche der physische Tod keine Gewalt besaß.

Um dieser am Ende blinden Tätigkeit willen sah Goethe seinem Faust sogar die Todsünde der Ungeduld nach und gestand ihm die Rücksichtslosigkeit des Kolonialherrn zu. Die *Faust*-Tragödie ist kein Gewinnspiel gegen den Tod. Sie gebraucht die List, ihm in ein anderes Genus, das des Erlösungsfestspiels, auszuweichen. Für Ironie der sublimsten Art hat der Autor dabei zu sorgen gewußt – derselben Eigenschaft, die er, »um uns eines gewagten Wortes zu bedienen«, auch vom Naturforscher verlangt, nicht weniger als »liebevolle Freude am Sinnlichen«. Ausgerechnet das Weibliche soll es sein, von dem er gesprächsweise zu äußern pflegte, wie sehr es »herabziehe«, dem er nun als dem »Ewig-Weiblichen« die Gegenbewegung zutraut. »Natura non facit saltus« – wem sonst als der Frau als »Jungfrau, Mutter, Königin, Göttin« soll der Sprung, den die »Große Mutter« angeblich nicht tut, über ihren Schatten gelingen, den Tod? »Versinke denn! Ich könnt auch sagen: steige!«: der Teufel weiß es auch, daß man die Regeln der Schwerkraft beiseite setzen muß, wenn es »zu den Müttern« geht. So sehr die Poesie nach Goethes klassischer Überzeugung – und nach seinem menschlichen Bedürfnis – in der Natur gründet: vor dem Grenzfall des Menschen genügt es nicht mehr, daß sie der Dichter im dreifachen Sinn Hegels »aufhebt«. Sie muß geradezu, wie in Ottilie, negiert sein, will man sie zur Steigerung über das physische Ende hinaus provozieren. Ist der Tod aber – wie es im Tiefurter Fragment *Die Natur* von 1786 heißt (Goethe zugeschrieben, aber vom Schweizer Theologen Tobler verfaßt) – »ihr Kunstgriff, viel Leben zu haben«, so muß ihr die Kunst auf den Sprung helfen und die vom Menschen in »Seliger Sehnsucht« erhoffte Metamorphose statuieren – dem Tod, den sie »nicht statuiert«, zum Trotz.

Wer die Polarität »Leben-Tod« steigern will, zieht eine übernatürliche Sphäre an, vor der Goethe ähnlich graute wie vor dem Horror vacui, der Grenzenlosigkeit des leeren Firmaments. Aber sein Lebenswerk ist ein einziger Versuch, dieses Grauen vor der Erstarrung in Schaudern vor dem Lebendigen – »der Menschheit bestes Teil« – zu verwandeln. So setzt er die Gesellschaft der *Wahlverwandtschaften* dem Einfluß des Urphänomens Ottilie aus. Oder er versetzt den gestirnten Himmel geradezu ins Innere einer zugleich großmütterlichen und jungfräulichen Romanfigur, der invaliden Makarie, damit sie, ihrem Kopfweh zum Trotz, der ins

Maschinenzeitalter aufbrechenden Gesellschaft der *Wander-jahre* noch einmal eine höhere Art von Korrespondenz, einen kosmischen Halt unterlege.

Und im gleichen Roman – der alle Formen seiner Gattung sprengt – spricht eine junge Dame gelassen aus, was das Ende der moralischen Welt sein könnte, womit wir uns aber, worauf Goethe vertraut, noch lange in der natürlichen befinden. Hersiliens Oheim, der Gutsherr, hat, nach islamischem Vorbild, seine vier Wände mit Sprüchen der Lebensweisheit gesichert, und sie bemerkt dazu: »Ich aber finde, daß man sie alle umkehren kann, und daß sie alsdann eben so wahr sind, und vielleicht noch mehr.«

Ein Satz, den Niels Bohr ein Jahrhundert später für die Naturwissenschaften verifiziert hat, im Hinblick auf bestimmte Symmetriegesetze im Bereich der Teilchenphysik: wahre Sätze seien daran zu erkennen, daß ihr Gegenteil nicht weniger wahr sei. Wie sagte sein Schüler Heisenberg? Es sei eine Begabungsfrage, was sich die moderne Naturwissenschaft aus derjenigen Goethes zu machen wisse. Vielleicht ist es auch eine Frage der rechten Bildung. Wir haben der Natur unsere Instrumente gezeigt; jetzt zeigt sie uns damit unsere Grenzen. Die ihren sind es noch lange nicht.

Daß die Praxis der Zivilisation von der Illusion grenzenlosen Fortschritts nicht abzubringen ist, könnte Goethe auch belustigt haben. Er hat der bildenden Kraft der Natur zugetraut, daß sie eine ihr nicht bekömmliche Behandlung richtigstellt, wenn wir es nicht anders tun: auf unsere Kosten. Zimperlichkeit ist nicht ihre Art. Wer sich unbedingt verrechnen will, trägt das Risiko dafür selbst, und die Natur erhält ihre Geschöpfe nur um einen Preis, den sie mit der zu ihren Verhältnissen passenden Bildung zahlen. Die Saurier haben dem

Homo sapiens schon vorgemacht, wie man an Übergröße untergeht.

Goethe *light*? Kunst habe es mit dem Schweren und Guten zu tun, sagte er, und das gilt wohl auch für die Lebenskunst. Aber mit dem »Schweren« meinte er nicht die Last, sondern das spezifische Gewicht jeder Kreatur. Alle Dinge sind leicht; schwer ist nur die Kunst, dahin zu gelangen, wo sie es werden. Warum wünschen wir erst den Toten, die Erde möge ihnen leicht sein, und nicht schon den Lebenden? Nur weil es schwer ist? Wenn wir Goethe lesen: es ist nicht schwerer als wir selbst.

War Goethe Antisemit?

Die Werner-Kapelle zu Bacharach am Rhein wurde in Verehrung eines angeblich 1298 von Juden rituell geschlachteten Christenjünglings errichtet. Wahr an dieser Legende ist allein ihr blutiger Hintergrund, die Judenpogrome, mit denen das christliche Mittelalter seine Kreuzzüge ins Heilige Land geprobt hat. Wer also die Reste des hochgotischen Wunders am Rhein nicht als reines Blendwerk sehen will, fragt lieber nicht nach seinen Fundamenten.

Wenn ich aber in Goethes *Wanderjahren*, deren zweite Fassung 1829 veröffentlicht wurde, eine Figur sagen höre: »dulden wir keinen Juden unter uns«, dann muß ich nach dem Fundament dieses Satzes fragen dürfen. Ich liebe Goethe – und ich bin ein Zeitgenosse des Holocaust, vor dem es keine Gnade der späten Geburt gibt. Zwischen diesen beiden Tatsachen steht der zitierte Satz, stehen andere Sätze aus dem gleichen Werk: »Das israelitische Volk hat niemals viel getaugt«, oder: »Wir dürfen weder Gutes noch Böses von ihnen sprechen; nichts Gutes, weil sich unser Bund vor ihnen hütet, nichts Böses, weil der Wanderer jeden Begegnenden freundlich zu behandeln, wechselseitigen Vorteils eingedenk, verpflichtet ist.« Das klingt eher nach Opportunismus als nach Toleranz, denn jener »Vorteil«, der sie garantieren soll, gehört ja selbst ins Repertoire antisemitischer Nachrede. Und in der Geschichte pflegten die Mächtigen, nicht die Schwachen darüber zu befinden, ob sie den Vorteil immer noch »wechselseitig« finden wollten.

Gewiß: wer die *Wanderjahre* überhaupt lesen kann, muß ein Kunstwerk lesen gelernt haben und wissen, daß der Autor nicht »sagt«, sondern »gesagt sein läßt«. Er kann zeigen, daß und inwiefern jeder zitierte Satz dem Kunstvorbehalt untersteht und von seinem Kontext relativiert, oft auch ironisiert wird. Einmal spricht ein Zeuge, dessen schroffen Ansichten der Leser mißtrauen gelernt hat. Im andern Fall erweist sich die Judenschelte als Übergang für ein hohes Lob der biblischen Geschichten. Im dritten Fall grenzt der Sprecher die Mobilität, die er seinen »Wanderern« verschreibt, gegen diejenige des zerstreuten Volkes Israel ab.

Und doch: er gibt auch zu verstehen, daß er es *aus*grenzt. Es wird vorausgesetzt, daß – nicht erklärt, warum – sich die Verheißung der *Wanderjahre* vor den Juden zu »hüten« habe. So wird es dem heutigen Leser schwer gemacht, solche Sätze durch die strukturelle Ironie des Romans – auch wenn sie gerade bei diesem fundamental ist – hinreichend aufgehoben zu finden. Antisemitismus entzieht sich für uns der ästhetischen Disposition.

Es ist kein bloß historisch zu registrierendes Faktum, ob sich beim exemplarischen Repräsentanten der deutschen Kultur etwas von dem vorgezeichnet, vorbedeutet findet, was sich nicht nur den Deutschen als Ende ihrer und aller Kultur gezeigt hat. Ich werde darum für Goethe keinen Klassiker-Bonus in Anspruch nehmen und verbiete mir auch, einen angeblich zeitverhafteten Goethe – dem wir auch ein Stück Antisemitismus »nachsehen« müssen – auszuspielen gegen einen vermeintlich zeitlosen Goethe, den wir um so lieber »retten«, als er unsere Bequemlichkeit mitzuretten verspricht. Es ist das Unteilbare der Gewissenhaftigkeit, auch in ihrem ästhetischen Ausdruck, die uns die Lebensarbeit eines Künstlers als Glück empfinden läßt. Und das Geständnis, daß uns dieses Glück hier nicht leicht gemacht wird, darf uns nicht verdrießen. Auch der verehrende Blick muß Dunkel sehen können. Aber er kann im Dunkel auch besser *sehen* lernen.

Es gibt in Goethes Briefen, Tagebüchern und Gesprächen Äußerungen, die man ohne Umschweife antisemitisch nennen muß. Einem Wort wie »Humanitätssalbader« begegnet man bei ihm nicht gern, aber es steht da: in einem Brief an Bettine von Arnim anläßlich des Fürstentages 1808 zu Erfurt. Goethe findet an »Dokumenten philanthropischer Christen- und Judenschaft« die Tendenz tadelnswert, »daß man eben zur Zeit, da so viele Menschen todtgeschlagen werden, die übrigen aufs beste und zierlichste auszuputzen sucht«. Er vermerkt mit Genugtuung, daß eine Streitschrift »dem Finanzgeheimräthlichen Jacobinischen« (gemeint ist der entfremdete Jugendfreund Jacobi) »Israels Sohn so tüchtig nach Hause geleuchtet habe«.

Daß die verworfene Französische Revolution und ihr Export nach Deutschland den Dichter gegen eine ihrer Früchte – die bürgerliche Gleichstellung der Juden – nicht gnädig stimmen konnte, erklärt zwar seinen Unmut, ist aber selbst erklärungsbedürftig. Der Bewunderer Lessings hätte den verhaßten »Jacobinischen« ja auch zugute halten können, daß sie wenigstens eine der Botschaften Nathans einzulösen trachteten. Doch als die von Napoleon den Juden verliehenen Bürgerrechte nach seinem Sturz wieder zurückbuchstabiert wurden, rührte Goethe keinen Finger. »Ich entsage dagegen den sämtlichen Bundestagsverhandlungen, enthalte mich aller Theilname an Juden und Judengenossen, nicht weniger an manchen andern Frankfurtensien« (An Willemer, 11. Juli 1817).

Epimenides will nicht »erwachen«: Auch einem Menschenrecht zuliebe widerruft er die politische Abstinenz nicht, die ihm zur lebensrettenden Maxime geworden ist. Noch 1823 verdammt er, wie Goethe Kanzler Müller berichtet, »in leidenschaftlichem Zorn« jenes Emanzipationsgesetz aus dem Jahre 1812, das Juden und Christen die Ehe erlaubte. »Er ahndete die schlimmsten und grellsten Folgen davon, behauptet, wenn der Generalsuperintendent Charakter habe, müsse er lieber seine Stelle niederlegen als eine Jüdin in der Kirche im Namen der heiligen Dreifaltigkeit trauen.«

Selbst wenn hier ein »dezidirter Nichtkrist« gesprochen hat: der Satz bleibt ein Ärgernis im Mund eines Mannes, der sich beim Badeurlaub in Karlsbad die Gesellschaft »Mariannchens« sehr wohl gefallen ließ, der Tochter eines jüdischen Berliner Kaufmanns Meyer und verwitweten – natürlich nur zur linken Hand angetraut gewesenen – Gattin eines Fürsten Reuß. Goethes Eifer gegen die Verbindung mit Juden wirkt bedenklich bei einem Mann, der sein Leben lang nichts tiefer zu verabscheuen bekannte als pfäffische Exklusivität und darum für die Berliner Jüdinnen Rahel Varnhagen, geborene Levin, oder Henriette Herz geradezu die Humanität über den Glaubensbekenntnissen und Nationalitäten verkörperte. In diesem Sinn ist Goethe der wahre Taufzeuge dieser bedeutenden Frauen gewesen. In seinem Namen bekehrten sie sich nicht so sehr zum christlichen Glauben, zum preußischen Staat oder zur bürgerlichen Gesellschaft als zur deutschen Kultur im Zeichen ihrer Universalität.

Trotzdem scheute Goethe sich nicht, bei Gelegenheit Frauen und Juden im gleichen Atemzug seine Malice fühlen zu lassen.

»Die Weiber wissen niemals, worüber eigentlich die Männer sich nicht vertragen können. Weil sie eben wie die Juden kein Point d'honneur haben und zuletzt immer noch transigieren« (= »mit sich handeln lassen«, zu Kramer, August 1810). Also müssen sich die Juden doch sehr markant von jener Menschengruppe unterscheiden, der Goethe »hartnäckige Natur« nachrühmt,»Selbständigkeit«,»Tapferkeit«? Von der er schon 1771 in den »Frankfurter Gelehrten Anzeigen« drucken ließ, sie hätte »Nation und Patriotismus, mehr als hundert leibeigne Geschlechter«? Natürlich sind das die Juden – auch dies. Noch der alte Goethe streicht gegen Zelter die »Makkabäische Familie« wegen ihrer kräftigen Eigenschaften heraus, kann freilich den Zusatz nicht unterlassen, »daß die liebe Judenschaft sich auf diesem Punkt der Geschichte am besten ausnimmt« (24. 1. 1828). Goethe verwahrt sich dagegen, die Juden von der Bühne herab »dem Gespötte preiszugeben«; er nennt es »schändlich«,»eine Nation, die so ausgezeichnete Talente in Kunst und Wissenschaft aufzuweisen hat, gleichsam an den Pranger zu stellen«, und setzt dazu: »Solange ich das Theater zu leiten habe, dürfen derartige Stücke nicht gegeben werden!« Aber derselbe Theaterdirektor läßt sich darum nicht hindern, seine Acteurs in Rollenklischees wie diese zu pressen: »Herr Fischer: zärtliche und humoristische Alte, Greise, Juden; singt« (1792).

Natürlich ist hier die Erinnerung fällig, daß der »typische« Jude keine a priori bösartige Phantasie war. Der Bürger konnte ihm auf der Straße begegnen, wenn auch nur ausnahmsweise vor seiner Haustür. Jede Stadt hatte ihr Ghetto, in dem man eine andere Welt betrat und dessen Bevölkerung exotisch wirkte. »Ahnungsvoll« und »bedrängend« nennt das 4. Buch von *Dichtung und Wahrheit* das Bild der Frankfurter Judenstadt, und Goethes Schilderung beginnt mit dem »unangenehmsten Eindruck«. Da kommt alles zusammen, was ein Bürgerkind das Fürchten lehren kann,

»Enge«, »Schmutz«, »Gewimmel«, »der Akzent einer unerfreulichen Sprache«.

»Dabei schwebten die alten Märchen von Grausamkeit der Juden gegen die Christenkinder [. . .] düster vor dem jungen Gemüt.« Doch der nächste Absatz fährt fort: »Indessen blieben sie doch das auserwählte Volk Gottes, und: Außerdem waren sie ja auch Menschen, tätig, gefällig, und selbst dem Eigensinn, womit sie an ihren Gebräuchen hingen, konnte man seine Achtung nicht versagen. Überdies waren die Mädchen hübsch ...« So überwindet sich die Befremdung zur Neugier und vertieft sich zur Bekanntschaft. Der Junge besucht die Zeremonien der Juden, ihre Schule, wohnt einer Hochzeit und einem Laubhüttenfest bei. »Überall war ich wohl aufgenommen, gut bewirtet und zur Wiederkehr eingeladen.«

Davon wird der Zaungast allerdings nicht weise im Sinne Nathans und der Gleichheit aller Menschenkinder. Im Gegenteil: Er ist fasziniert von der Andersartigkeit, dem ethnologischen Kuriosum. Dafür gibt es 1772 ein erheiterndes Zeugnis. Da rezensiert der 23jährige »Gedichte eines polnischen Juden« und gesteht sich dabei ähnliche Erwartungen ein, wie sie heutige Leser an die Verlautbarungen von Chief Seattle oder Papalagi knüpfen: Zivilisationskritik aus dem Geiste der befremdeten Unschuld. »Was für Bemerkungen wird er machen, er, dem alles neu ist?« Leider entpuppt sich der polnische Jude als mittelmäßiger Hagedorn-Epigone, und sein Kritiker wettert: ». . . wenn man aber in allem zusammen nicht mehr leistet als ein christlicher Étudiant en belles Lettres auch, so ist es, deucht uns, übel gethan, mit seiner Judenschaft ein Aufsehen zu machen.« Der Adept Herders fordert Charakter und Eigenart von der »Poesie der Völker«, und gerade die Juden dürfen kein Volk wie jedes andere sein. Das ist natürlich der Punkt, der den jungen Besucher der Judenstadt »bedrängt« und fasziniert. Im Ghetto begegnet er einem Fundus seiner eigenen christlichen Tradition, der nicht stadtbürgerlich domestiziert ist. Daß diese Quelle durch Vorurteil und üble Nachrede verdunkelt ist, nimmt ihrer erfrischenden Kraft nichts weg.

Und damit sei jetzt auch der Punkt erreicht, wo wir das Auf- und Gegenrechnen philo- und antisemitischer Äußerungen Goethes mit einem ernsthafteren Geschäft vertauschen dürfen. Denn der Prozeß, in den Juden und das Jüdische Goethe verwickeln, reicht ins Zentrum seines Glaubens und rührt an den Kern seiner Person. Ich glaube darin sogar einen der mächtigsten Antriebe zu seiner Produktivität zu erkennen. Das theologische Skandalon der Juden – daß sie zugleich, durch ihre heiligen Schriften und durch ihre bloße Existenz, den christlichen Glauben begründen und durch ihren Unglauben an den Messias der Christen verleugnen – hat Goethe schon früh zum kritischen Bibelforscher gemacht. *Zwo wichtige bisher unerörterte biblische Fragen* (1773) setzen mit einer Betrachtung ein, deren Orthodoxie leisen Spott mitklingen läßt: »Das jüdische Volk seh' ich für einen wilden unfruchtbaren Stamm an, der in einem Kreis von wilden unfruchtbaren Bäumen stund, auf den pflanzte der ewige Gärtner das edle Reis Jesum Christum, daß es, darauf bekleibend, des Stammes Natur veredelte.« Dann aber schreitet der Exeget zu einer eigenwilligen Bewertung der mosaischen Gesetzestafeln. Als ursprünglicher möchte er die Ritualvorschriften annehmen, die Gott seinem Volk exklusiv zugedacht hat. Und da steht der erstaunliche Satz: »Wie gerne wirft man den beschwerlichen alten Irrthum weg: es habe der particularste

Bund auf Universalverbindlichkeiten (denn das sind doch die meisten der zehen Gebote) gegründet werden können. – Kurz! das Proömium der Gesetzgebung enthält [. . .] Lehren, die Gott bei seinem Volke als Menschen und als Israeliten voraussetzte. Als Menschen, dahin gehören die allgemeinen moralischen; als Israeliten, die Erkenntniß eines einzigen Gottes, und die Sabbathfeier.«

Auf den ersten Blick scheint die delikate Zweiteilung von »Menschen« und »Juden« (die bis in die *Wanderjahre* spürbar bleibt) die »Menschen« freizusprechen von der Bindung an einen »particularen« Glauben und den Zweck zu verfolgen, einem aufgeklärten Christentum die jüdische »Hypothek« zu erlassen. In der Tat: die eine Komponente von Goethes religiöser Entwicklung führt zum »Universalen« hin, dem »rein menschlichen« Synkretismus der »Hypsistarier«, einer spätantiken kappadokischen Gemeinschaft, welche, »zwischen Heiden, Juden und Christen geklemmt, [. . .] das Beste, Vollkommenste [. . .] zu schätzen, zu bewundern, zu verehren und, insofern es also mit der Gottheit im nahen Verhältnis stehen müsse, anzubeten« lehrte. (An J. S. Boisserée, 22. 3. 1831). Das ist der Weg, den Lessing im *Nathan* oder auch Mozart in der *Zauberflöte* vorgezeichnet haben, ein quasi-freimaurerisches Verständnis von Religion über allen Schranken trennender Glaubensbekenntnisse, die, als Allegorien der Einen Wahrheit verstanden, die Menschheit nicht zu verfeinden brauchten. Diesen Ausweg aus der Enge hat Goethe, dem »dezidierten Nichtchristen«, übrigens zuerst ein exkommunzierter Jude gezeigt: Spinoza.

Aber wer ihn als Bekenntnis zu einer harmonisierenden »Aufklärung« lesen möchte, stößt in den »Noten und Abhandlungen« zum *West-östlichen Divan* gegen den heftigsten

Einspruch, und bezeichnenderweise taucht er im Zusammenhang mit der Studie »Israel in der Wüste« auf – einem bibelkritischen Nachtrag aus den klassischen neunziger Jahren. Hier bekennt sich Goethe mit Nachdruck zu einem »particularen« Glauben und redet sogar dem »Streit der Kulturen« das Wort: »Das eigentliche, einzige und tiefste Thema der Welt- und Menschengeschichte, dem alle übrigen untergeordnet sind, bleibt der Konflikt des Unglaubens und Glaubens. Alle Epochen, in welchen der Glaube herrscht, unter welcher Gestalt er auch wolle, sind glänzend, herzerhebend und fruchtbar für Mitwelt und Nachwelt. Alle Epochen dagegen, in welchen der Unglaube, in welcher Form es sei, einen kümmerlichen Sieg behauptet, und wenn sie auch einen Augenblick mit einem Scheinglanze prahlen sollten, verschwinden vor der Nachwelt, weil sich niemand gern mit Erkenntnis des Unfruchtbaren abquälen mag.«

Welche Abrechnung mit Liberalismus, Aufklärung und – in seiner Konsequenz – auch mit dem Toleranzgebot! »Dulden heißt beleidigen« – Toleranz hat der alte Goethe, in der Tat, für eine Form geistiger Bequemlichkeit, sogar der Geringschätzung gehalten. Nur Neugier und Interesse führten zu einem ernsthaften Dialog. Aber wäre dieser bei einem so streitbaren Lob des »Glaubens« gut aufgehoben? Jene ihrerseits intoleranten Sätze aus dem *Divan* lassen beinahe demonstrativ die Weisheit vermissen, die man mit dem alten Goethe verbinden möchte. Nun fällt er selbst in den Prophetenton, den er als junger Mann bei Lavater immer weniger leiden konnte – und das geschieht ihm, wo nicht geradezu zum Lob der Juden, so doch in ihrem Geiste; denn er mißt jeden Glauben an der Unbeugsamkeit, den er dem jüdischen beilegt.

Aber der Mann, der hier mit ihren heiligen Büchern rechtet, tut es weder als Frankfurter Patrizier noch als aufgeklärter Weltmann; er tut es als Insider des Glaubens, als buchstäblich Mitwandernder in der Wüste. Und so ist der Streit um die fabulösen vierzig Wanderjahre zwischen dem Diensthaus Ägyptens und dem Gelobten Land nicht der Streit Lessings mit Klotz oder Goeze, sondern viel eher Josuas oder Kalebs mit Moses. Die Juden, das Volk der Hirten und Patriarchen, sind für den Mitspracheberechtigten, den Mitschreiber an den heiligen Schriften exemplarisch, längst bevor diese in den *Wanderjahren* den Zöglingen der Pädagogischen Provinz als rein künstlerische Exempel vorgehalten werden. Von den Griechen hat Goethe Form gelernt und sein Auge in Italien an deren Vielseitigkeit gebildet. Aber das typische »Wandern« dieser Form – unterwegs zu einem »Oberen Leitenden« –, das heilsgeschichtliche Potential des Lebendigen ist die Mitgift des »Volkes Israel in der Wüste« an einen Mann, der sich in jungen Jahren selbst zum »Wanderer« stilisiert hatte. An den Bewegungen, die er in der Natur beobachtete, immer neue Gesetzmäßigkeit zu entdecken, lag ihm von Haus aus nahe. In der Geschichte vermochte er diese Gesetzmäßigkeit nicht zu erkennen – es sei denn in der Geschichte der Juden, die von ihrem eigenen Gesetz durchdrungen war. In den Schriften des Alten Testaments begegnet ihm für einmal auch die Geschichte gewissermaßen im Naturzustand der »Patriarchen«. Hier wird sie zur Erinnerung an den »Typus«, und bei dem zu *Divan*-Zeiten verjüngten Goethe ist es zugleich die Erinnerung an die eigene Jugend.

Wie aber hätte diese frei sein können von innerer Ambivalenz? Die Liebe zu den »Patriarchen« war nicht zu trennen vom Widerspruch gegen *den* Patriarchen. Der Student der heiligen Schriften setzt sich zugleich mit den Vorschriften des Vaters, also dem für jeden jungen Menschen zentralen Problem der Autorität auseinander. Die Bibel erlaubt ihm, es zugleich getrennt von seinem leiblichen Vater und doch in stillschweigender Verbindung mit ihm zu behandeln. Und wenn dieser lebensgeschichtliche Subtext das Interesse ambivalent macht, so verbürgt er zugleich seine Ursprünglichkeit. Vaterbilder und Bildnisverbot entspringen derselben Quelle, die für Turbulenz gesorgt hat, bevor sie – im *Divan* – nur noch zur Befreiung und »Erfrischung« dienen konnte. Ästhetisch gesprochen: zur Abschüttelung des »attischen« Form- und Bilderdienstes, dem Abschied von der Erstarrung im klassizistischen Symbolismus. Zu den »barbarischen Avantagen«, die sich Goethe nach Schillers Tod zu eigen machte, gehört nicht nur die Entdeckung des »asianischen« Substrats der griechischen Kunst – etwa im zauberhaften Manierismus der *Pandora* –, sondern die Auswanderung aus kanonisierten Formen überhaupt. Sie müssen sich Zerstreuung, Läßlichkeit, Aus- und Abschweifung, Dekomposition gefallen lassen. Statt Vollendung: Suggestion von Unendlichkeit; statt Grenze: Überfluß und Simulation einer Naivität höheren Grades.

Der *West-östliche Divan* zeigt dieses literarische Morgenland vordergründig in einem persisch-muslimischen Kostüm. Aber gewoben wurde dieser Stoff ursprünglich in der Werkstatt des Alten Testaments. Darum ist »Israel in der Wüste« kein Fremdkörper in diesem Buch der Verwandlungen, sondern bezeichnet ihre Wachstumsstelle. »Schöpft des Dichter reine Hand, / Wasser wird sich ballen«. Im Vertrauen darauf liquidiert – buchstäblich – die »Klassische Walpurgisnacht« die Topographie des klassischen Altertums. Anderseits läßt sich Goethe aber auch nicht nehmen, seinen Gottvater Jahwe gut heidnisch – und religionsgeschichtlich korrekt – im Plural »Götter« zu nennen und die Erzählungen von den Patriarchen »Mythen«. Die »Bibelfestigkeit«, deren er sich im *Divan* rühmt, ermächtigt ihn zu kühnen Vertraulichkeiten; das Bildnisverbot mutiert zur Freiheit, Bilder spielend zu gebrauchen und dem Heiligen eine ihm ungewohnte Beweglichkeit zuzumuten.

Aber dabei bleibt sein Umgang mit Abraham, Isaak und Jakob derjenige mit den Schutzgeistern seiner Kindheit. Von ihnen weht die »Patriarchenluft« her, die ihn im Alter nicht nur wieder verjüngt, sondern ihm auch – gegen den Unfug der Weltgeschichte – erlaubt, fest zu bleiben, sich selber treu. Das ist der »particulare« Kern, den schon der junge Bibelforscher herausgeschält hat. Er bewahrt ihn vor voreiligen »Universalien« und erlaubt ihm die »wiederholte Pubertät«. Die Verheißung der Goetheschen Person lautet nicht auf allgemeine Vernunft, sondern auf vertieften Eigensinn und den Glauben an seine Berechtigung.

So kam der alternde Goethe an der christianisierten Weltgeschichte vorbei – einschließlich ihrer Fortsetzung durch die Französische Revolution und die Zwangsverbrüderung einer ganzen abstrakten »Menschheit«. Er griff auf das »alte Wahre« zurück, das er im keineswegs nur »alten«, sondern zeit-fernen und zeitlosen Testament nicht anders, nicht minder ursprünglich verkörpert fand als in »seinem« Homer. Nur daß die Sprache des Friedens mit sich selbst hier Hebräisch sprach: eine Sprache, in der Goethe, wie im Arabischen oder Persischen, nur dilettiert hat, ohne sich die Grenzen, an die er dabei stieß, sonderlich übelzunehmen.

Es hätte ein Glücksfall für die deutsche Literatur werden

können, wie früh, wie primär Goethe den Gesetzen seines eigenen Genies im Spiegel des Judenvolks begegnet ist. Denn er rechtete mit den Gestalten aus Luthers deutscher Heiliger Schrift schon als Kind wie mit Sinnesverwandten, Glaubensgenossen, Brüdern. Im 4. Buch von *Dichtung und Wahrheit*, noch vor der Beschreibung der Judenstadt, findet sich diejenige des Vater-Dienstes in mancherlei Form: in der lästigen Seidenraupenzucht, der Pflege italienischer Bildtafeln und schließlich beim Erlernen von Fremdsprachen. Dabei entwickelt der Sohn eine eigene Kunst, die verschiedenen Zungen zu integrieren und gleichsam die babylonische Sprachverwirrung in einem selbstgemachten Pfingstwunder aufzuheben. »Ich kam [. . .] auf den Gedanken, alles mit einmal abzutun, und erfand einen Roman von sechs bis sieben Geschwistern, die voneinander entfernt und in der Welt zerstreut, sich wechselseitig Nachricht von ihren Zuständen und Empfindungen mitteilen. Der älteste Bruder gibt in gutem Deutsch Bericht von allerlei Gegenständen und Ereignissen seiner Reise.« Die Schwester dagegen pflegt einen »frauenzimmerlichen Stil«, denjenigen der Romane aus der Leihbibliothek; der nächste Bruder bietet, als Theologe, »ein sehr förmliches Latein«, geschmückt mit griechischen Zutaten. Der Bruder in Hamburg erhält die englische Korrespondenz zugeteilt, der in Marseille die französische, der fahrende Musikus schreibt italienisch. Aber noch ist die magische Siebenzahl nicht voll: ». . . der Jüngste, eine Art von naseweisem Nestquackelchen, hatte, da ihm die übrigen Sprachen abgeschnitten waren, sich aufs Judendeutsch gelegt und brachte durch seine schrecklichen Chiffern die übrigen in Verzweiflung und die Eltern über den guten Einfall zum Lachen.«

So sieht Goethes frühestes literarisches Projekt aus. Muß

man noch fragen, in welcher Sprache, welcher Figur sich das reizvollste Spiel mit der eigenen Identität verbirgt? Der jüngste Sohn ist nicht nur im Märchen das Glückskind und der Sachwalter für das Glücksverlangen des Hörers oder Lesers. Diese Ich-Figur aber spricht »Judendeutsch«, die Sprache der Selbstbehauptung und des Eigensinns. Sie befolgt die väterlichen Direktiven und verspottet sie zugleich, um die Eltern des Schelmenromänchens durch Lachen wieder zu versöhnen. Ob Johann Caspar Goethe diese Figur ebenso glücklich gefunden hat, erfahren wir nicht, wohl aber, daß er dem Sohn danach erlaubt habe – *erlaubt*, nicht befohlen –, Hebräisch zu lernen.

Dieses Versteck für die eigene Identität war keine vorübergehende Laune. Das kann man der »Judenpredigt« anhören, einem Kabinettstück von Bauchrednerei, in dem sich der Junge spielerisch mit der Heilserwartung der anderen Seite identifiziert. Auf dem messianischen Schimmel, der die Kinder Gottes sammelt am Ende der Zeit, wird nur für Juden Platz sein, und zwar für alle Juden – »un wenn äh enziger Goye sich werd ach drof setze wolle, do werd äh kenen Platz finne. No was sogt ehr dazu? [. . .] de Goye werde alle ronder falle in's grose grause rothe Meer«.

Ja, was sagen wir dazu? Ich glaube, wir sind hier Publikum für eine Urszene des Dichters. Er wird sie mit Figuren ausstaffieren, die ihm die stärkste Identifikation erlauben, zugleich den reizvollsten Widerspruch und die spannendsten Sozialisationsspiele. Er wird mit seinem Moses zu streiten nicht aufhören; Joseph wählt er zum Helden seines ersten Romans, für dessen Verlust ich mich nicht einmal durch die mir liebsten Bücher Thomas Manns ausreichend entschädigt fühle. Goethe zupft aber auch an den Bärten Abrahams, Isaaks und vor allem Jakobs, mit dem er dies und das gemeinsam hat. Denn auch der hat »durch eine Vermummung den väterlichen Segen gewonnen« und versteht im Dienste Labans »durch Kunst und Sympathie den besten und größten Teil der Herde sich zuzueignen, und wird auch von dieser Seite der wahrhaft würdige Stammvater des Volks Israel und ein Musterbild für seine Nachkommen«.

Bedarf es vieler Worte, um hier die Quelle jener Äußerungen auszumachen, die uns als »antisemitisch« in Ohren und Seele wehtun? Es ist keine reinliche Quelle, aber eine vitale. Denn in ihr hat sich, im Widerspruch zum Vater und im Zwiespalt mit sich selbst, eine lebendige Person gebildet. Sie setzt, pfiffig und närrisch, den eigenen Vorteil gegen den Patriarchen durch – und doch immer noch im Geist der Patriarchen. Sie hat zu tun mit dem Widerstand gegen den »Schatten« und mit dessen erfinderischer und kunstreicher Aneignung. So wird Goethes jüdische Erbschaft beides: Ideal- und Schmutzkonkurrenz seiner dichterischen Entwicklung.

Denn hier, auf der Unterlage der heiligen Schrift der Juden, übt er die eigene Schrift. »Wiederholte Spiegelung« der Thora im verborgenen Laboratorium der Identität: Das ist die erste und wichtigste »Reise« des Kindes, die Frühform aller berühmten Goethe-Reisen in die Gelobten Länder Schweiz und Italien, der realen und der virtuellen »Hegiren«. Es sind befreiende Absetzbewegungen ins andere Eigene, die Fremde einer erweiterungsfähigen Identität. Künstlerisch: zur Umgestaltung jeder erreichten Gestalt. Es ist ein ganz eigener Sohnes-Weg, auf dem die von der Tradition vorgemerkte Nachfolge Christi zugleich fromm parodiert und beinahe umsichtig vermieden wird. Dem Kreuz begegnet Goethe, wie dem Glockengeläute, mit unverschleierter lebenslanger Abneigung.

Geht man fehl, wenn man in Goethes zugleich verspielter und sehr ernst gemeinter Identifikation mit dem Islam einen Kompromiß vermutet zwischen Nichtanerkennung und Glorifikation des Christenglaubens? Jene brachte er nicht über sich; diese widerstrebte ihm gewaltig. Für diese Lücke hatte ihm der Islam, der Jesus-Issa zwar als Knecht Gottes, nicht aber als Sohn Gottes verehrt, einen Platzhalter zu bieten. Unter den Propheten wird ihm ein hoher Rang zugesprochen, vergleichbar demjenigen Mohammeds, den Goethe in seiner weltenschaffenden Eigenschaft schon neben Prometheus unter die Großen Brüder seiner Sturm- und Drangjahre aufgenommen hatte. »Mahomet« fühlte er sich näher als dem Christus der Passion und der Kirche, auch weil er ihm erlaubte (der islamische Fundamentalismus erlaubt es nicht, Hafis um so mehr) die Schrift Gottes zugleich wörtlich und bildlich zu verstehen und seine Verbindlichkeit im tätigen Alltag zu bewähren. Vor allem aber blieb die abrahamitische Erbschaft der Bibel intakt und unterstand nicht – fast sowenig wie bei den Juden – dem Vorbehalt einer zweiten, endgültigen Lesung durch ein »wahres Evangelium«. Goethes Islam ließ, darin den Griechen ähnlich, das Hirten- und Wandervolk mit seinen Propheten in ursprünglicher Gottesunmittelbarkeit bestehen. Hier fand der »dezidierte Nichtchrist« die Luft, in der sein Genius atmen konnte. Palästina – man spricht es unter dem Eindruck seiner neueren Geschichte nicht leichten Herzens aus – war auch für Muslime ein gelobtes Land.

In *Dichtung und Wahrheit* fragt sich Goethe, warum er die biblischen Geschichten so ausführlich vortrage. »Diesem dürfte zur Antwort dienen, daß ich auf keine andere Weise darzustellen wüßte, wie ich bei meinem zerstreuten Leben, bei meinem zerstückelten Lernen dennoch meinen Geist, meine Gefühle auf einen Punkt zu einer stillen Wirkung versammelte; weil ich auf keine andere Weise den Frieden zu schildern vermöchte, der mich umgab, wenn es auch draußen noch so wild und wunderlich herging.« In jeder Verwirrung »flüchtete ich gern nach jenen morgenländischen Gegenden, ich versenkte mich in die ersten Bücher Mosis und fand mich dort unter den ausgebreiteten Hirtenstämmen zugleich in der größten Einsamkeit und in der größten Gesellschaft.«

An dieser Stelle möchte man verweilen – sie wäre so schön, wenn man das Verhältnis von Deutschen und Juden noch einmal als mögliche Wirklichkeit statt als verwirkte Möglichkeit sehen dürfte. Die Chance dazu hat eine große Reihe jüdischer Zeugen für sich, von Moses Mendelssohn bis zu Heinrich Heine; wo stand geschrieben, daß sie in einer endlosen Kolonne von Holocaust-Opfern dahingehen mußte? Die romantisch-nationale Deutschtümelei, die, von Goethes herzlicher Verachtung begleitet, schon zu seinen Lebzeiten ausbrach, vermochte, je weiter das 19. Jahrhundert fortschritt und je länger die Nation sich verspätete, eben jenes Bildungsbürgertum, das sich auf »seinen« Goethe zu stützen glaubte, mit dem antisemitischen Virus zu infizieren. Nach dem Ersten Weltkrieg war seine zivile Substanz so weit ausgehöhlt, daß am Ende nur noch die bösartigste Provinz zu bestimmen hatte, was deutsch und was jüdisch sei. Mit ihrer Machtergreifung beendete sie jene Symbiose deutsch-jüdischen Geistes, welcher der deutschen Kultur jenen Rang in der Welt hätte verschaffen können, dem sie unter Hitler als Chimäre nachjagte und dem sie in Wirklichkeit das Grab schaufelte.

Das galt auch für Goethes »Weltliteratur«: in jüdischen Deutschen, Hofmannsthal, Schnitzler, Freud, Kafka, Kraus,

Benjamin oder Celan war sie eine geistige Tatsache geworden. Keine Menschengruppe hatte die Teilnahme an der deutschen Sprache teurer erkauft, keine wußte besser, welcher Sorgfalt sie bedurfte, welche Liebe und Treue sie verdiente. Die Sprache Goethes war einem Sensorium, das durch zwei Jahrtausende der Zerstreuung und Verfolgung geschärft war, buchstäblich heilig geworden. Wenn es im 20. Jahrhundert das Äquivalent einer »deutschen Klassik« gäbe, wäre sie das Werk »judendeutscher« Autoren. Sie haben ebenso bei Goethe schreiben gelernt, wie Goethe schon als junger Mann von ihnen lernen konnte, welche kulturstiftende Kraft von einer heilig gehaltenen Schrift ausgeht. Banausen und Barbaren war es vorbehalten, mit Berufung auf ihr Deutschtum diese Errungenschaft zu zerstören. Und wenn es ihnen nicht ganz und gar gelungen ist, so kommt dabei überlebenden Juden wie Adorno, der das Verfassen von Gedichten nach Auschwitz verpönte, und Paul Celan, der sie trotzdem schrieb, eine Schlüsselrolle zu.

Aber auf deutscher Seite gibt es das Tor nicht mehr, zu dem diese Schlüssel passen. Schuldverdacht nicht weniger als die Schuld selbst haben aus Nachkriegsdeutschland ein Gebiet gemacht, das sich seiner eigenen Geschichte einerseits »gestellt«, andererseits von ihr so weit entfernt hat, um nicht unter ihrer Verstrahlung zu verkümmern. Die deutsch-jüdische Polarität, die sich in Goethe (um die Terminologie seiner Farbenlehre zu brauchen) »steigern« durfte zum Opus Magnum und zur kulturbildenden Tat: sie sind zur moralischen Schere, zu konfliktgeladenen Widersprüchen geworden, in die noch lange jeder verstrickt bleiben wird, der die deutsche Sprache gebraucht. Was es an ihr, in bezug auf Juden und Jüdisches, an Unschuld gab, ist endgültig verloren. Es gibt kein Gelobtes

Land mehr ohne die Zeichen der Zerstörung. Das gilt auch für das Land, in dem die Juden Zuflucht gesucht, aber keinen Frieden gefunden haben. Es wird mehr als der vierzig Wüstenjahre bedürfen, bevor die einst verheißungsvolle Provinz deutsch-jüdischer Gemeinschaft wieder Früchte trägt, die nicht vergiftet sind. Zum Gelobten Land wird sie nie mehr.

Und doch: ein verfluchtes kann sie nicht bleiben. Goethe erinnert uns daran, daß der empfindlichste Punkt des Verhältnisses – derjenige, an dem der eigene Glaube verletzbar, die eigene Identität angefochten ist – zugleich die fruchtbarste Stelle ist. »Wo aber Gefahr ist, wächst das Rettende auch« – nur wo Gefahr ist, bildet sich ein Begriff für Umfang und Tragweite des Rettungsbedürftigen aus. Und nur da bildet sich derjenige, der Rettung nötig hat, an der Einsicht in die Gefahr. Und wenn wir meinen, daß klassische Bildung dafür nicht genüge, mögen wir zugleich recht haben und ihr Unrecht tun. Denn bei Goethe finden sich lebendige Beweise genug, welcher Selbstüberwindung die »Klassik« fähig zu sein lernte, um dem realen Menschen zu genügen – und nicht umgekehrt. Real aber wird der Mensch nur als der *Andere* – aufgehoben, aber nicht gleichgemacht in der Anerkennung seines Andersseins. Das ist keine blasse Humanität; das ist Menschlichkeit, die auch das Blut, das sie selbst vergießt, sehen lernen muß als Bruderblut und betrauern als eigenen Verlust. Aus dieser Quelle zu schöpfen ist kein Kinderspiel; denn Sensibilität und Empfindlichkeit sind nicht voneinander zu trennen. Doch Goethes Beispiel zeigt, daß diese Quelle in der Wüste auch eine besondere Kraft der Reinigung besitzt.

Unter Goethes »Juvenilien« findet sich eine mysteriöse Notiz. Zuerst steht da: »Jakobä. Wenn sie ein Trauerspiel spielen mußt du nicht hineingehn das ist nichts da stechen sie einander todt und fallen übereinander wie das liebe Vieh.« Und dann steht da:»Traum Gespräch mit einem Juden über die Autorschafft.«

Wenn er liebte, sich in jenem erhöhten Zustand befand, den die Marienbader Elegie»fromm sein« nennt, fließen ihm wie von selbst Bilder aus seiner »jüdischen« Selbsterfahrung in die Feder, wie an Charlotte von Stein am 12. März 1781:»Die Juden haben Schnüre mit denen sie die Arme beim Gebet umwickeln, so wickle ich dein holdes Band um den Arm wenn ich an dich mein Gebet richte und deiner Güte Weisheit, Mäsigkeit und Geduld theilhafft zu werden wünsche.« Und als der 72jährige im August 1821 Eger besuchte und vor der verlassenen Synagoge stand, meldet sein Begleiter J. S. Grüner:»Mir lag daran, Goethes Meinung über die Juden zu erfahren. Was ich auch vorbringen mochte, er blieb in Betrachtung der alten Inschriften vertieft und äußerte sich nicht mit Bestimmtheit in Betreff der Juden.«

Vielsagend wie dieses Schweigen ist aber auch die Heftigkeit, mit der Goethe reagiert, wenn er einen seiner Patriarchen in Gefahr sieht, und wäre es nur, wie im folgenden Fall, die Gefahr unschicklicher Repräsentation. In einem Brief vom 12. Juli 1781 weist er den Maler Müller dafür zurecht, daß er die»alberne Judenfabel« vom Tode Mosis, wonach sich Engel und Teufel um den Leichnam gestritten hätten, unbedacht übernommen habe. Bemerkt man, daß Goethe an dieser Stelle seine eigene Behandlung von Fausts Ende – 50 Jahre später – präludiert?»Wenn ich nun aber [. . .] den kurz vorher durch Gottes Anblick begnadigten Mann, da ihn kaum der Atem des Lebens verlassen und der Abglanz der Herrlichkeit noch auf seiner Stirn zuckt, dem Teufel unter den Füßen sehe, so zürne ich mit dem Engel, der einige Augenblicke früher hätte herbeieilen und den Körper des Mannes Gottes von der scheidenden Seele in Ehren übernehmen sollen. Wenn man doch dieses Sujet behandeln wollte, so konnte es, dünkt mich, nicht anders geschehen, als daß der Heilige, noch voll vom anmuthigen Gesichte des gelobten Landes, entzückt verscheidet und Engel ihn in einer Glorie wegzuheben beschäftigt sind; denn das Wort: »der Herr begrub ihn« läßt uns zu den schönsten Aussichten Raum, und hier könnte Satan höchstens nur in einer Ecke des Vorgrundes mit seinen schwarzen Schultern kontrastieren und, ohne Hand an den Gesalbten des Herrn zu legen, sich höchstens nur umsehen, ob nicht auch für ihn etwas hier zu erwerben sein möchte.«

»Etwas zu erwerben« – in der Wendung steckt der verteufelte Jude, der dem verherrlichten Juden nicht zu nahe treten soll. Reflexionen zur »Schicklichkeit« von Sujets sind bei Goethe, auch wenn eine ästhetische Forderung gemeint ist, sprechende Bilder seiner Ängste und Idiosynkrasien – aus denen uns freilich in der Fortsetzung des Briefs ein Schauder anwehen kann. Goethe rät nämlich dem Maler entschieden davon ab, die Szene der gekreuzigten Schlangen zu reproduzieren: »Eine Anzahl vom Himmel herab erbärmlich gequälter Menschen ist ein Anblick, von dem man das Gesicht gern wegwendet, und wenn diese vor einem willkürlichen, ich darf wohl sagen magischen Zeichen niederzustürzen und in dumpfer Todesangst ein – ich weiß nicht was – anzubeten gezwungen sind, so wird uns der Künstler schwerlich durch gelehrte Gruppen und wohl verteilte Lichter für den üblen Eindruck entschädigen.«

Jenes Kreuz, dessen ausgebreitete Arme zum Haken-Kreuz gebrochen werden konnten – dieses »willkürliche, ich darf wohl sagen magische Zeichen« können wir nicht mehr ausblenden aus dem Bild unserer christlichen Kultur, auch nicht aus unserem Bild Goethes. Das Kreuz, das er mit den Juden hatte wie mit sich selbst – in diesem Zeichen braucht die Zivilisation nicht zu »siegen«, oder was da siegte, ist keine Zivilisation. »Die Wüste wächst, weh dem, der Wüsten birgt.« Goethes Lebensarbeit bestand darin, dieses bösartige Wachstum ins Gutartige zu wenden. Aber »bergen« läßt sich die Wüste heute noch weniger als zu seiner Zeit; sie liegt offen, wie eine Wunde. Weimar *und* Buchenwald: was da aufgebrochen ist, muß sich zeigen dürfen, denn nur das Verschwiegene und Verdeckte bleibt unheilbar. Aber wir müssen zugleich wissen – denn wir erfahren es auch im eigenen Alltag –, daß der Heilbarkeit des Menschen Grenzen gesetzt sind. Ob er an dieser Grenze seinen Dämonen begegnet oder dem lebendigen Gott, liegt nicht in seiner Hand. Und doch kann er durch guten Willen, den Mut zur Einsicht und die Ehrfurcht vor dem andern für das bessere Teil besser gerüstet sein. Dieser Glaube – von Heilsgewißheit weit entfernt – läßt sich aus der Lebensart bedeutender Menschen schöpfen. Diese braucht nicht in allem vorbildlich zu sein. So betrachte ich Goethes Lebens-Arbeit am Judentum mit kritischer Dankbarkeit und selbstkritischem Gewinn als Reise durch die Wüste.

Ich schließe mit einer Anekdote, von deren Bedenklichkeit Goethe nichts ahnen konnte. Sie wirft ein kleines Licht in den Abgrund der Geschichte, der uns von ihm trennt. Mai 1790: »Durch einen sonderbar glücklichen Zufall, daß Götze zum Scherz auf dem Judenkirchhof [von Venedig, A.M.] ein Stück Tierschädel aufhebt und ein Späßchen macht, als wenn er mir einen Judenkopf präsentierte, bin ich einen großen Schritt in der Erklärung der Tierbildung vorwärtsgekommen.«

Es geht um das vom Morphologen Goethe wiederhergestellte Bindeglied zwischen Tier und Mensch, den Zwischen-kieferknochen. Für das »Späßchen«, welches das wissen-schaftliche Aperçu begleitet, sind wir kein unbefangenes Publikum mehr. Aber wenn wir an dieser dunklen Stelle noch nicht tief genug blickten? In den »Noten und Abhandlungen« zum *Divan* zitiert Goethe eine Jesus-Legende nach einem Ge-dicht des persischen Dichters Nisami. Der Zimmermanns-sohn aus Nazareth gerät in eine Menschengruppe, die um einen toten Hund, für den Islam ohnehin ein unreines Tier, versammelt ist und sich an Hohn und Ekel vor dem Kadaver nicht genugtun kann.

> So sang ein jeder seine Weise
> Des toten Hundes Leib zu schmähen.
> Als nun an Jesus kam die Reih,
> Sprach, ohne Schmähn, er guten Sinns,
> Er sprach aus gütiger Natur:
> Die Zähne sind wie Perlen weiß.
> Dies Wort macht' den Umstehenden
> Durchglühten Muscheln ähnlich, heiß.

Das Auge der Gnade: sie allein vermag an einem toten Hund, an einem verworfenen Gegenstand, ihresgleichen wahrzuneh-men, und die Umstehenden nehmen teil an dieser Gnade durch das Aufglühen von Scham. Die Rede ist von der Gnade des Juden Jesus, überliefert von einem persischen Muslim, des Aufhebens würdig gefunden von einem deutschen Dichter. Und mit dieser Legende, keines Euphemismus verdächtig, schließe ich diesen schweren und schwierigen Vortrag, mit bestem Dank für Ihre Geduld.

Goethes Lebensträume

»Goethes Lebensträume« – als mir dieses Thema auf die Seele gebunden wurde, zuckte ich erst einmal zurück. Lebensträume sind das Privileg junger Menschen. Gelegentlich fällt mir ja selbst auf, daß ich zwar nicht älter, wohl aber die andern immer jünger werden; dann pflegt Goethes sogenanntes Alterswerk sein Wunder an mir zu wirken. Denn da ist von Altern erst recht nichts zu spüren – allerdings auch nicht von Verjüngung, sondern gleich von Wiedergeburt oder wenigstens von »wiederholter Pubertät«. Das aber ist nicht so ernst gemeint, wie Junge wohl sein müssen, wenn sie von ihrem »Lebenstraum« reden. Tun sie es überhaupt noch, seit Träume Saisonartikel geworden sind?

Sagt man Träumen nicht nach, daß sie von der Realität entlasten? Nach Freud besteht ja auch die Leistung der »Traumarbeit« darin, den Träumer von Gewalten, die sein Unbewußtes umtreiben, nur in einer Form auszusetzen, die sich mit seinem Schlaf verträgt. Daß diese Wohltat trügerisch, daß die Traumsprache einer unerschrockenen Übersetzung und diese eines aufgeklärten, schon darum heilsamen Diskurses bedürftig sei, ist die vernünftige Arbeitshypothese der Psychoanalyse. Ihre Kritiker betrachten sie ihrerseits als einen schönen – und illusionären – Menschheitstraum.

Daß ein großer Dichter ein Träumer, eine Art Vorträumer der Kultur sein müsse, halten wiederum Philologen für eine Nachrede von heiliger Einfalt. Sie sagen: sogar ein erzählter *Traum* bleibt ein *erzählter* Traum, vom geträumten Traum so kategorisch getrennt wie Magrittes Pfeife von ihrer Abbildung oder diese von ihrer Legende. Der Hafen von New York in Kafkas *Der Verschollene* ist nicht der Hafen von New York. Und wenn der Leser trotzdem glaubt, ihn noch nie so traumhaft deutlich gesehen zu haben, so nur, weil die Kunst der Erzählung dafür groß genug war.

Das gilt natürlich auch bei Goethe; und daß seine Kunst mit dem Vorrücken der Lebensdaten immer müheloser und läßlicher wirkt, darf einen schon ins Träumen bringen. Die Landschaft der *Wahlverwandtschaften* oder *Der Mann von fünfzig Jahren* liegen in einer Art Sternenlicht, in dem die Wörter gar keinen Schatten mehr zu werfen scheinen – auch nicht den des Verdachts, da gebe es noch etwas dahinter, was uns der Dichter »eigentlich« habe sagen wollen. Von einem tieferen Sinn, einer höheren Moral ist darin nichts mehr zu spüren, erst recht nichts von einem »Lebenstraum«. Ob es daran liegt, daß er in dieser Sprache vollkommen aufgegangen ist? Träumen wir nur, solange wir zu wünschen übrig haben? Sollte das Schattenlose dieses sogenannten Altersstils gerade darin bestehen, daß ihm nicht alle Wünsche gleichgültig, sondern alle gleich gültig geworden sind?

Im Buddhismus wäre das, in der Tat, so etwas wie ein Lebenstraum – nur fiele ihm nicht ein, ihn so zu nennen. Denn dafür müßte für ihn ja am Leben etwas *nicht* traumförmig sein. Für die Kunst – in Goethes Sprache: »die wiederholte Spiegelung« – machte dies keinen Unterschied. Denn wo das Ganze keinen höheren Realitätsanspruch erheben kann, fällt dem Einzelnen auch kein geringerer zu; und was das Auge an einem gemalten Blatt nicht finden kann, das würde ihm auch an einem gewachsenen Wald nicht einleuchten. Um dazu gleich Goethes radikalste Maxime zu zitieren: »Was ist das Allgemeine? Der einzelne Fall.« Das ist kunstgerecht geredet, bei Goethe: auch für die Wissenschaft, sogar zuerst für die Wissenschaft. Für ihn war sie, anders als für uns, die *freie* Kunst, während er, was wir so nennen, eher die »angewandte« genannt hätte. Denn Goethes Wissenschaftler hat seinen Objekten frei von Hintergedanken um ihrer selbst willen zu begegnen, während der Künstler ausprobiert, in welche Beziehungen sie sich setzen lassen.

Doch für beide gilt, daß es das treulich beobachtete, sorgsam aufgehobene Einzelne ist, an dem – oder nirgends – ein Geist des Ganzen sich offenbart. Eher darf zum Ganzen noch alles fehlen, als daß wir es an Liebe für das Einzelne und seinen berechtigten Eigensinn fehlen lassen dürfen.

Hier wird für die Ohren vieler – zum Glück nicht aller – modernen Naturwissenschaftler eine Fremdsprache gesprochen. »Wenn man z. B. ein sehr spezielles Gebiet ins Auge faßt«, lese ich bei Heisenberg, »und fragt, warum die Newtonsche Optik den Sieg über die Goethesche Farbenlehre davongetragen hat, so wird man neben manchen andern Gründen feststellen können, daß zwar sehr viele Menschen erfolgreich an der Weiterbildung und der Nutzanwendung der Newtonschen Optik arbeiten konnten, daß aber zur Weiterbildung der Goetheschen Farbenlehre eine sehr hohe künstlerische und wissenschaftliche Begabung nötig gewesen wäre.«

Erstaunlich – und ich glaube nicht einmal, daß das mitgelieferte Alibi, der Genieanspruch, obligatorisch ist. Statt dessen hätte Goethe das Wort »Bildung« genügt – nicht, weil es anspruchsvoll genug, sondern weil es klein und bescheiden genug gewesen wäre. Für ihn fing Bildung nämlich damit an, daß ich diejenige eines Kiesels in meiner Hand recht fühlen und aus ihr auf diejenige der Bodenschicht schließen kann, welcher er entstammen muß. Danach braucht meiner eigenen

Bildung kein Ende mehr zu sein. Kehre ich eines Tages zu meinem speziellen Stein zurück, stelle ich, kraft neuer Augen, fest, daß ich ihn ebenso als Grundstein wie als Schlußstein ansehen kann, als das erste wie das letzte Ding meiner Wissenschaft. Denn er hat einen Wissenden geschaffen; einen, der nicht nur von der sinnlichsten zur geistigsten Form der Anschauung fortgeschritten ist, sondern auch den Weg zurückgefunden hat und dabei – fast nebenbei – sich selbst begegnet ist.

Womit auch gesagt sein soll, daß die Sprache der Einzelheit – bei Goethe führte sie gerne noch ein »n« mit: »Einzelnheit« – mit derjenigen der Reduktion nichts zu schaffen hat. Der Kiesel ist sowenig ein reduziertes Gebirge, wie ein Backstein eine reduzierte Kathedrale ist – oder umgekehrt: die Kathedrale ein verallgemeinerter Backstein. Ein Verfahren, das von einem Gegenstand nichts übrig läßt als seine Meßbarkeit, hat zwar die Logik des »divide et impera« für sich, und der Beweis, wie herrlich weit man es damit bringen kann, braucht nicht mehr geführt zu werden. Um auch noch zu wissen, wohin er führt, müßten wir freilich besser wissen, wo die – von strenger Wissenschaft bekanntlich ausgeschlossenen – Subjekte geblieben sind. Sie müssen sich irgendwohin gründlich vermessen haben, und die griechische Übersetzung dazu – Hybris – ist uns inzwischen auch kein Fremdwort mehr.

Ja, für Goethe fing Unbildung – soll heißen: das Kontaktdefizit, der Beziehungsverlust – schon beim Messen an. »Das Messen eines Dings«, diktierte er in seiner Spinoza-Studie, »ist eine grobe Handlung, die auf lebendige Körper nicht anders als höchst unvollkommen angewendet werden kann. Ein lebendig existierendes Ding kann durch nichts gemessen werden, was außer ihm ist, sondern wenn es ja geschehen sollte, müßte es den Maßstab selbst dazu hergeben; dieser aber ist höchst geistig und kann durch die Sinne nicht gefunden werden; schon beim Zirkel läßt sich das Maß des Diameters nicht auf die Peripherie anwenden. So hat man den Menschen mechanisch messen wollen, die Maler haben den Kopf als den vornehmsten Teil zu der Einheit des Maßes genommen, es läßt sich aber doch dasselbe nicht ohne sehr kleine und unaussprechliche Brüche auf die übrigen Glieder anwenden.«

Im Winter 1784/85 hat sich sein Kopf zusammen mit dem Frau von Steins über die Schrift des Lieblingsphilosophen Spinoza gebeugt: in dieser Konstellation muß man verstehen, warum für einmal das »höchst Geistige« über die Sinne einen gewissen Vorrang behauptet. Aber dabei versteht sich bei Goethe immer, daß man wahre Sätze daran erkennen kann, daß das Gegenteil genauso wahr ist – eine These des Atomphysikers Niels Bohr, die ihm eine von Goethes jungen Damen, die Hersilie der *Wanderjahre*, um hundert Jahre vorweggenommen hat, mit dem kecken Zusatz »und vielleicht noch mehr«. Wo »Deus sive Natura« gelten darf, fand Goethe die Gleichung Geist/Sinne nicht minder gut aufgehoben. Entsprechend hat er auch zeitlebens die Leib-Seele-Spaltung als Scheinproblem, als Trugbild beckmesserischer Optik betrachtet. Spinoza entnahm er die Erlaubnis, gewisse christlich-abendländische Hierarchien zu vergessen, wie diejenige des Kopfes über den Leib, des Menschen über die Schöpfung, oder auch: des Lebens über das sogenannte Unbelebte.

Sie kennen die Witzfrage, wo das Leben anfängt, die ein katholischer Pfarrer und ein evangelischer Pastor nach ihrer Weise beantworten, während der jüdische Rabbi sagt: Das Leben fängt an, wenn die Kinder aus dem Haus sind (und der Hund tot). Goethe hätte gesagt: Das Leben fängt da an, wo es der Betrachter zu *sehen* vermag. Und es hört da auf, wo mit Faust zu reden »dein Sinn zu, dein Herz tot« ist; dann lebst du nicht.

In jedem Fall liest Goethe in seinem Spinoza, daß das Leben dort anfängt, wo es immer wieder aufhört, ohne zu enden: beim Individuum, es sei Stein, Pflanze oder Mensch. Denn das Individuum, »das Unteilbare«, ist eben das, was sich jeder andern Messung entzieht außer derjenigen an sich selbst.

Und wenn es in seiner griechischen Lesart »Atom« auf die vermeintlich kleinsten Teile der Materie angewendet wird, so kann die Teilchenphysik heute erleben, wie sie ihren subtilen Meßverfahren ganz eigene Schnippchen schlagen. Sie kommt an kein Ende damit, genau gesagt: an ihr eigenes Ende, wenn sie ihre Objekte nicht mehr vor dem Verschwinden bewahren kann, ohne sie durch Festhalten zu verändern. Damit mußte das Ende der alten Physik zum Anfang einer neuen werden.

Und dieser sogenannten Quantenmechanik ist der Gedanke heute nicht mehr fern, daß im Nanobereich unserer Meßskalen nur geschieht, was sie auch im Mega- und Astrobereich ad absurdum führt. Groß und Klein könnten überhaupt Chimären sein, die unsere Meßkunst erzeugt und auf die sie bald nach der einen, bald nach der andern Seite hereinfällt.

»Individuum est ineffabile« – vielleicht gleicht es darin der Materie überhaupt. Ich denke, Goethe hätte die Frage, was – bei immer größerer Auflösung – aus der meßbaren Realität wird, ohne Schrecken betrachtet. Denn sein Erdgeist hat dem Doktor Faust schon eine Antwort darauf gegeben: »Du gleichst dem Geist, den du begreifst, / Nicht mir.«

Wo ist unser Lebenstraum hingekommen?

Hatte nicht wenigstens der jüngere Goethe den einen oder andern Lebenstraum? Er hatte mehr als genug davon, es kamen wohl ein Dutzend auf jeden Finger einer Hand; und dabei wußte die Rechte nicht einmal, was die Linke tat. Um mit seiner Hersilie zu sprechen: Von jedem Lebenstraum war das Gegenteil genauso wahr, und sogar noch ein wenig mehr. Was zog ihn, beispielsweise, 1775 von Frankfurt nach Weimar? Fürchten Sie nicht, daß ich Ihnen die entsprechenden Kapitel aus *Dichtung und Wahrheit* rekapituliere – auch wenn jede Geschichte, die er darin *nicht* erzählt, wieder Stoff zu einem ganzen Roman hergäbe. Am Ende ist die Kunst, seinen jungen Jahren überhaupt eine kohärente Fassung abzugewinnen, das eigentliche Mirakel. Und diese scheinbare Nähe zu sich selbst war bekanntlich erst aus der Distanz von über drei Jahrzehnten zu erreichen, in denen er nicht nur ausgeträumt, in denen er seinen Lebensträumen auch einen bestimmten Prozeß gemacht hatte. Von diesem Prozeß möchte ich berichten und den Träumen dazu bestimmte Namen geben; spielerische Namen, die sich aber zwanglos aus Goethes Fundus schöpfen lassen.

Da gibt es den Josephstraum – Joseph, der Sohn der Rechten, das geliebte Kind des Hauses, war ja selbst ein grandioser Träumer; zunächst mit fatalen Folgen für ihn selbst. Diese Träume haben seine Brüder, die nicht von der Richtigen waren, bis aufs Blut gereizt. Sie waren sicher, ihn getötet zu haben, doch auf abenteuerliche Art entkam er als Sklave nach Ägypterland – Sie kennen die Geschichte. Thomas Mann hat sie in vier Bänden erzählt, natürlich nicht ohne zu wissen, daß sie schon der ganz junge Goethe hatte erzählen wollen; statt dessen hat er sie beinahe buchstäblich nachgelebt. Das Vorbild hat es durch gezielten Einsatz seiner Traumkompetenz zum Günstling des Pharao und Chefkurator im Ägypterland gebracht, er hat sich dessen Bräuchen anbequemt, ohne seine tiefere Herkunft zu verraten – oder auch seine stillschweigende Geringschätzung. Herzog Carl August hat Goethe nacheinander zum Minister für Berg- und Militärwesen, Straßenbau, Stadtverschönerung und Finanzen – die eigentliche Schlüsselstelle – ernannt, zum Geheimrat und in den Adelsstand erhoben, dies alles auf brüderlichem Fuße, der die Geschäfte keineswegs von ihrem Ernst entband, im Gegenteil. Auch die Familiarität war, weil umfassend, ein ganz eigener Streß – eine Wohltat auch, denn die Sippschaft des Pharao mußte dem Junggesellen die eigene ersetzen. Statt leiblicher Kinder zog er sich solche seiner Wahl nach, wie den Alpensohn Peter Im Baumgarten oder den Sohn der Geliebten, Fritz von Stein. Mit anderen verlorenen Söhnen teilte er nicht nur seine Gefühle, sondern auch sein Gehalt. Die eigentliche Krönung seines Regiments aber war, daß er seine Jugendbrüder nachkommen ließ, Herder, Lenz, Klinger und wie sie alle hießen; gestraft mußten sie auch sein, einige hat er, wie man weiß, wieder weggebissen, aber auch denen, die blieben, wuchs er, wie natürlich, über den Kopf.

So weit die Doppelbelichtung. Fehlt nur Potiphars Frau – sie fehlt nicht, sie hieß Frau von Stein, aber hier wird alles anders. Ganz anders? Auf diesen Lebenstraum kommen wir zurück.

Ziehen wir den Traum von Moses vor, auch einem, der, wenn man Sigmund Freud glauben darf, nicht dazugehörte und ebenso ein beispielloses Werk schuf: ein neues Volk, und gleich noch das auserwählte. Der Ort, wo er es sich mit seinen Gesetzeshämmern zurechtschmiedete, war die Wüste. Goethe, als junger Mann selbst als »Wanderer« notorisch, hat sich ausgiebig mit diesen angeblich vierzig Wüstenjahren beschäftigt; er nahm sie der Heiligen Schrift nicht ab. Dafür kehrte er in seinem letzten Roman zum Modell Exodus zurück. In diesen *Wanderjahren* ging es dann um das Überleben einer »kleinsten Schar« in der hereinbrechenden Wüste des Maschinenzeitalters. Auch er begegnete seinem Gott auf Bergen, die ihm heilig wurden, Ettersberg, Kickelhahn, Brocken, aber wie Jahwe sah Gott nicht aus. Er hatte eine Gestalt, er war Gestalt ganz und gar, und die Heilige Schrift erschien ihm in Gestalt von Pflanzen und Steinen, »in herbis et lapidibus«. Diese Schrift lesen zu lernen wurde sein nachhaltigster Lebenstraum, doch der war nur mit offenen Augen zu träumen. Den Berg Nebo wollen wir nicht vergessen: nur sah die Erfüllung, die der neue Moses nicht erleben durfte, diesmal aus wie das Bergwerk zu Ilmenau.

Den Jesustraum will ich nicht überschlagen, auch wenn er immer mehr in einen scheinbar konträren hinüberschillerte. Er sammelte Jünger und Jüngerinnen um sich, und wenn sie nicht mit ihm wachen konnten: ganz entbehren mochte er sie nicht. Zeichen zu setzen und Wunder zu tun ließ er sich nicht nehmen, der Minister blieb Schriftsteller, und als sein Berufsstreß am größten war, begann er den *Wilhelm Meister*, bestückte das Theater mit Musicals, die er in wenigen Tagen schrieb, spickte seine Briefe mit Gedichten wie »Füllest wieder Busch und Tal«, den wunderbarsten der deutschen Literatur, die er auch ins Holz einer Jagdhütte schneiden konnte. Von den Wundern, die er an Bedürftigen zu tun versuchte, war schon bei Joseph die Rede, und auch von den paar armen Teufeln, die er austrieb, wenn sie ihm lästig wurden. Sein Kreuz trug er möglichst verstohlen und verbat sich jede Märtyrerkrone dafür. »Dämonische« Naturen behandelte er unerschütterlich als seinesgleichen – zuerst seinen Landesherrn, dem er die Wildsaujagd sowenig austreiben konnte wie die

Liebe zu Uniform und Krieg; dafür strich er ihm den Wehretat auf die Hälfte zusammen. Steine in Brot zu verwandeln war ihm ein Herzensbedürfnis, Stichwort immer wieder: Ilmenau. Er war bereit, in eklatantem Widerspruch zu einer berühmten Szene, seiner Liebsten alle Reiche der Welt zu Füßen zu legen, wenn sie an ihn zu glauben nicht aufhörte. Auch der Berg dazu war des Teufels, nämlich der Brocken; gerade der aber war ihm recht als Altar für sein heiligstes Gelübde. Denn er bestand aus Granit, und in diesem Urgestein erblickte er das Licht seiner Wahrheit.

Soweit einige biblische Lebensträume, es fehlen die griechisch-antiken, und ich streife sie nur: Herakles mit seinen 12 Mühen, allesamt unbedankt, voran diejenige in den Ställen des Augias, wobei das Ausmisten dieser »scheisigen Herrlichkeit« dadurch zusätzlich erschwert war, daß der Minister den Scheiß nicht beim Namen nennen durfte. Auch die Seelenarbeit am Spinnrocken ist nicht zu vergessen, wobei es mehr als nur *eine* Herrin Omphale gab. Immer wieder spielt die Figur des großen Täters aber in diejenige des Sisyphos hinüber, allerdings mit der Legende von Camus, die sich Goethe unbedingt schuldig war: *Il est heureux.* Das mir liebste Lebenstraumbild des ersten Weimarer Jahrzehnts aber ist dasjenige des Nichtheimkehrers Odysseus, des listigen Dulders, der, wenn's drauf ankommt, Utis heißen, in die Niemandsbucht abtauchen will; der davon träumt, statt Goethe, Minister, Genie etc. immer weniger zu werden, irgendeiner zu sein, statt des besten Ersten der erste beste. So geschehen im November 1777, als er die erste Winterreise in den Harz antrat und Leben und Zukunft davon abhängig machte, ob er im Tiefschnee den Gipfel erreiche – um dort das genannte Gelübde abzulegen.

Kommen wir aber auf Potiphars Frau zurück, alias Charlotte von Stein, und auf den Traum, eine vollkommen erotische Beziehung zwischen Mann und Frau ganz, aber ohne Sexualität zu leben. Wessen Lebenstraum wäre das noch? Oder beginnt er – der Not gehorchend – wieder aktuell zu werden? Der Not gehorchte, ganz gewiß, auch der 36jährige Mann, als er die Umarmung der sieben Jahre älteren Frau des Oberstallmeisters von Stein, der Mutter dreier lebender Söhne – vier Töchter waren ihr gestorben – unvollendet ließ. Nach allem, was wir wissen: anfangs verlangte sie es so. Fast ebenso gewiß bin ich aber, daß dieses Verlangen, so anhaltend heftig respektiert, Raum gelassen oder gefunden hätte für sein natürliches Gegenteil. Der Liebhaber muß es gewesen sein, der es auf eine andere Mühle geleitet hat. Denn es war die Mühle, die sein Lebenswerk treiben mußte: die Liquidation alles Überfließenden und immer mehr Überflüssigen; das Große Werk umfassender Resignation seiner gesammelten – vielmehr: ihn bis zum Selbstverlust zerstreuenden – Lebensträume. Sage keiner, das Paar hätte sich mit einem offenen Ehebruch lange unmöglich gemacht – nicht am Hof Carl Augusts, dem nach der Jagd auf Wildsauen diejenige auf Schürzen die natürlichste war und der seine Wälder zeitlebens mit unehelichen Söhnen in Förstertracht bevölkert hat; wenn schon, hat er seinem Goethe nach der Italienischen Reise ganz anderes zu verzeihen gehabt. Aber ich glaube Goethes Psychoanalytiker Eissler aufs Wort, daß Goethe von den sexuellen Lizenzen des Duodezhofs keinerlei Gebrauch machte. Gewiß nicht aus Prüderie – das war einfach eine Schleuse, die er nicht auch noch öffnen wollte, nachdem er sich ohnehin in einem Zustand chronischer Überschwemmung befand. Wer half ihm, sich zusammenzuhalten? Die

Liebste war verheiratet, sie war Mutter, um so besser! Da war wenig Raum: und wie viel konnte man daraus machen! Lauter Grenzen, der reine Glücksfall für einen Grenzenlosen. Da drückte ihn ja die verhaßte, die ersehnte Realität, in der er sich neu begründen konnte – was für ein Traum von Realität! Nein, er machte keine Tugend aus der Not, selbst das bißchen Geschlechtsnot war ein Pfund, mit dem die Liebe – und keineswegs die Tugend – förmlich wuchern konnte. Er hatte dies und das geschrieben; jetzt endlich verfaßte er sich selbst. Und schuf sich eine Adressatin für sein Werk, der er's widmen konnte, die Frau, die ihm Mutter, Schwester und Geliebte in einem ersetzte. So adoptierte er sich bei ihr und machte ihr eine Welt, die, um ihn zu retten, sich endlich formen mußte, zum gemeinsamen Kind.

Resignation: Man muß dem Wort auf die Wurzel sehen, dann verliert es seine Dumpfheit und zeigt sich hoch aktiv. Es bedeutet: Umstellung der Zeichen; und genau darauf, auf eine Reorganisation des ganzen Alphabets einer Person, auf die Umwidmung und Konzentration ihres Lebensrepertoires muß es dabei abgesehen gewesen sein. Goethe besaß einen selbstmörderischen Reichtum an Optionen – der *Werther* beweist, daß dies keine Phrase ist. Viel weniger davon reichte nachweislich aus, Altersbrüder vor ihrem dreißigsten Jahr kaputt, wahnsinnig oder, was ihm noch schrecklicher gewesen wäre, dogmatisch zu machen; sich selbst sah er nie weit davon. In seinen dreißiger Jahren finden sich Zeugnisse genug, in denen er, der ein Haus verlassen, aber keinen Hausstand gegründet hat, schon sein Haus zu bestellen anfängt. Er hält sich für überfällig, in den Jahren bereits weit vorgerückt, er trifft, gegenüber seinen Adoptivsöhnen, testamentarische Bestimmungen. An Erschöpfung leidet er gerade nicht – man kann ihn in diesen Jahren für unerschöpflich halten –, sondern an Erstickung. Paradox gesagt: nicht einmal die Last des Amtes kann ihm Luft schaffen. Er hat ein so großes Problem mit sich, daß er ein größeres braucht. Er ist der gefeierte, der geliebte, der überall geforderte Goethe – schon gut. Aber bitte: *Wer* ist er?

Lassen Sie mich diese Bildungsgeburt, diesen glückhaften Prozeß Resignation mit einem Spiel, einer Art Wort-Spiel illustrieren; sein Name sei STEIN. So hieß Charlotte, aber so hieß ja zuerst ihr Eheherr, der depressive Stallmeister, der in das grenzenlose Spiel mit begrenzter Haftung brüderlich einbezogen wurde, ob es ihm gefiel oder nicht. War es – außer dem Elendesten – nicht auch das Beste, was ihm passieren konnte?

Aber am Hof zu Weimar tauchte bald auch eine wirkliche, weil geborene STEIN auf, die Schwester des Mannes, der sich eines Tages als Reformator Preußens einen großen Namen machen sollte. Diese geborene Stein war jetzt allerdings eine verheiratete von Werthern, aber Goethe unterließ nicht, sie *seiner* Stein als wahren Ausbund anmutiger Lebenskunst vorzustellen, gerade als wäre die andere eigentlich die Rechte. Und sie war es auch oder sollte es werden, nämlich für Herzog Carl August; Goethe arbeitete an dieser Liaison. Er traute ihr ein ähnliches Werk der Bildung zu, wie es *seine* Stein an ihm vollbracht hatte.

Überhaupt führte er ihr – immer im Schutz der Liebes-Exklusivität – gerne vor, mit wem sie ihn grade zu teilen hatte: der Schauspielerin Corona Schröter zum Beispiel, mit der er seine *Iphigenie* aufführte – er selbst in der Hauptrolle des wahnsinnigen Orest, der Herzog als Pylades, der »Urfreund« Knebel als König Thoas. So sahen die Familienzusammenführungen des heiligen Joseph aus, die eigentlich so etwas wie

Therapie- oder Selbsterfahrungsgruppen waren und in denen er nebenbei die Rangverhältnisse zurechtrückte. Tasso als Regisseur, der die Rolle Antonios gleich mit dem Fürsten persönlich besetzt!

Eine anscheinend weniger verfängliche Nebenbuhlerschaft eröffnete Goethe seiner Stein, als er sie – nur »Ihre Liebe und diese Felsen«! – in seine neue, durch das Bergwerk zu Ilmenau geförderte Passion für Mineralien einweihte. In der nahen Hermannsteinerhöhle hatten sie symbolisch Hochzeit gefeiert, einen ganzen Tag der Liebe »Aug in Auge« – Goethes Organ der Intimität – zugebracht, und Charlotte hatte den Bund besiegelt, indem sie mit dem Finger ein großes S – wie Stein – auf einen Stein schrieb, ein Zeichen, das er später, diesmal allein, mit Hammer und Meißel unauslöschlich nachzog. Von nun an hatte wie ein Eheversprechen zu gelten, daß Goethe eigentlich bei ihr war, wenn er allein durchs Gebirge streifte, sei es auf wissenschaftlicher Exkursion, sei es bei seiner rätselhaften Wallfahrt in die Anonymität, auf den Brocken, den er damit, Walpurgisnacht hin oder her, zum heiligen Berg umgewidmet hatte. Sein Gipfel aber besteht aus Granit – jenem Gestein, das gerade die Eigenschaften zeigt, welche die Stein für ihn zu verkörpern bestimmt war: Ruhe, Festigkeit, Unerschütterlichkeit.

Granit war das Tiefste des Erdinnern, hier ins Höchste gekehrt. Konnte diese Erde der Geliebten gewaltiger huldigen, als indem sie die Geschichte der Standfestigkeit geologisch vorproduzierte? »Wenn man nun nimmt«, schrieb Goethe im Dezember 1780 dem benachbarten Herzog Ernst von Sachsen-Gotha, »daß die Vulcane sodann rechts bis Cassel hinauf und weiter links bis Frankfurt [. . .] fortgehen, so würde es eine in der Folge höchst interessante Untersuchung werden, ob und wie sich die ungeheure vulkanische Wut des gedachten großen Erdstriches an dem unerschütterlichen Grundgebirge des Thüringerwaldes gebrochen und dieses ihm gleichsam wie ein ungeheurer Damm widerstanden.« Von jenem vulkanischen Landstrich kam er selbst her; auf der Höhe des Damms war er endlich angekommen. Ob die Geliebte – »der Mineralogische Theil ist wohl nicht für dich«, hatte er ihr gelegentlich geschrieben – spürte, daß sie, die ihm so viel hatte ersetzen dürfen, ihrerseits abgelöst zu werden begann – durch Gegenstände scheinbar objektiven, darum nicht weniger, sondern erst recht elementaren, *körperhaften* Interesses? Daß sie bei der Transsubstantiation von Steinen zu Brot unter die Räder kam – etwa diejenigen der sogenannten Kunstgezeuge von Ilmenau, Pump- und Förderwerke, die das Innere des Thüringerwaldes wieder gangbar machten, damit der Schoß zum Wohl des Landes fruchtbar werde? Immer unzweideutiger begann sich der Geliebte auf die Niederungen des Konkreten einzulassen. Die Ziehmutter des Genies fand ihre Meisterin in der Großen Mutter, die Goethe nun so leibhaft wie möglich zu bearbeiten begann. Prometheus – um einen anderen Lebenstraum anzuzitieren – bekam zu schmieden.

Für zarte Seelen stand Goethes neuer Tätigkeitskult im Zeichen des »Abfalls«, und Lavater, von dem er gerade in dieser Zeit endgültig abfiel – er fand Goethe »älter, kälter, weiser, fester, verschlossener, praktischer« – erlaubte sich, den Versucher in der Wüste geradezu mit Goethes Gesicht malen zu lassen: und mit einem Stein in der Hand. Hätte sich Goethe (»ich heise Legion«) nicht ganz gut selbst als Teufel sehen können, wäre der *Faust* nicht geworden, was er ist. Gerade auf dem Brocken, dem Teufelsberg, hatte Goethe seinen neuen Stein der Weisen gefunden, und bei aller Symbolkraft: als Eckstein eines *Glaubens*gebäudes war er gänzlich ungeeignet. Er diente zum besseren Sehen.

Wie hatte der Granit, das Urgestein, so fest werden können? Es war ja alles andere als aus einem Guß. Für den gegenständlichen Blick: eine durchaus heterogene Verbindung aus Feldspat, Quarz und Glimmer. Wenn darauf aber ganze Berge zu bauen waren, wenn sie das tragfähige Fundament einer Welt hergab: wie hätte sich sein Betrachter der wahrhaftig mehr als drei Seelen in der eigenen Brust zu schämen brauchen? Im Granit trat Goethe die stoffliche Garantie für die Gestaltfähigkeit der stärksten Widersprüche entgegen. Dieser Stein sagte ihm, was ihm kein Spiegel, auch nicht derjenige einer geliebten Person, so unwidersprechlich hätte sagen können: siehe, dies ist mein Leib. Wer sehen kann, braucht nicht mehr zu glauben; er macht sich auch vom Glauben anderer unabhängig.»Sag mir, daß du mich liebst« – wie oft steht diese Beschwörung in und zwischen den Zeilen an Frau von Stein! Nun konnte er es selbst.

Der große Versuch über »Granit« hätte wohl das erste Kapitel eines geplanten »Romans über das Weltall« werden sollen. Wir lesen das Fragment als große Konfession eines Subjekts – und als seine Absolution in einem Objekt, das es sehen gelernt hat – das es *das* Sehen gelehrt hat. Jener Roman brauchte nicht als solcher geschrieben zu werden. Auch seine Kapitel durften so heterogen bleiben wie die Elemente des Granits: sie halten doch zusammen. Von der Entdeckung des Zwischenkieferknochens beim Menschen über das *Römische Carneval* und die *Farbenlehre* bis zu den *Wahlverwandtschaften*: immer läßt einer sehen, was für ihn auf der Hand liegt und was man doch zum ersten Mal zu sehen glaubt: die einfache

Form des Berechtigt-Widersprüchlichen. Dieser »Roman über das Weltall«, die unerschöpfliche Möglichkeit des Wirklichen, beginnt den Roman mit Frau von Stein abzulösen, denn hier war das Thema immer noch der Spiegel, Aug' in Auge. Jetzt wird das andere Auge zum eigenen Sehen nicht mehr benötigt. Der im Zeichen des Granits Verfaßte ist frei; frei auch, bei diesem Granit, aus dem ja auch das Gotthardgestein besteht, nächstes Mal nicht haltzumachen, frei also, weiterzureisen nach Italien. Die berühmte *Italienische Reise*, der Lebenstraum, der einem als erster in den Sinn kommen mag, »vermannigfaltigt« nur die ursprüngliche Botschaft des Granits.

Ein Lebenstraum blieb Italien für Goethes Vater, auch nachdem er es »gemacht« hatte – und gerade als Vater-Erbe hat der Sohn diese Reise nicht angetreten. Beim ersten Versuch dazu (1775) hat er sich bekanntlich schon in Heidelberg umlenken lassen, in das höfisch-bäurische Weimar. Die Reise aus dem vulkanischen Jugendland geradewegs in die schöne Fremde der Sehnsucht wäre ein Kurzschluß gewesen. Der Boden, den er suchte, hatte die Form eines Dammes. Im bescheidenen Osten Thüringens fand er auch die Verwandtschaft, die ihn für seine Reisen rüsten konnte, sei es in einen realen Süden oder – viel später – in einen virtuellen Osten, in die fließenden Landschaften des *West-östlichen Divans*.

Wenn man von Italien als »Lebenstraum« spricht, soll man gerade die *Italienische Reise* nicht meinen; man meint ja auch eher die Lieder eines heimatlosen Kindes namens Mignon, die ihr »Land, wo die Zitronen blühn«, nicht wiedersehen wird. Kennst du es wohl? Der Vater, Beschützer, Geliebte, dem sie es ins Herz singt, kennt es nur im Reflex ihrer Sehnsucht, und das heißt: er kennt es nicht. Die Lieder stammen aus der

Zeit, als Goethe am intensivsten mit der Sanierung der sächsisch-weimarischen Finanzen beschäftigt war; Goldorangen konnte er allenfalls in der herzoglichen Orangerie glühen sehen. Es war auch die fatale Pflicht zur Empfindsamkeit, deren »Triumph« er als Karikatur seiner ministerialen Verschönerungstätigkeit in einem surrealen Singspiel verspottet hat – mit einem plötzlich tieftraurigen Proserpina-Akt in der Unterwelt.

Es waren diese Inszenierungen von *Ersatz*, das Verhältnis zu Frau von Stein immer weniger heimlich eingeschlossen, vor denen er nach Italien geflohen ist. An dieser Flucht war alles offen. Flucht vor wem? Vor niemandem, soviel er wissen wollte, am wenigsten vor der Geliebten. Flucht wozu? Um die acht Bände der ersten *Gesammelten Werke* in einiger Ruhe zu redigieren, mindestens vier davon waren ja überhaupt erst recht zu verfassen. Flucht wohin, wie weit? Nach Rom jedenfalls. Alles übrige war undeutlich. Wie lange? Das würde sich finden, jedenfalls kein ganzes Jahr. Wer floh? das brauchte niemand zu wissen, auch bei dieser Flucht – diesmal hieß er Miller und war Maler – machte er sich unkenntlich. Kannte er sich denn selbst?

Und doch reiste er mit ungetrübtem Blick, als nicht mehr verlierbare Person; und doch wäre ihm ohne das Bildungswerk des Granits nicht einmal diese Flucht gelungen. Zur Erklärung muß ich ein wenig ausholen: bis zum Hauptsatz von Goethes Naturwissenschaft, der da lautet: Bleib treu dem, was du siehst.

Das ist das reine Gift für jeden Lebenstraum – und um so folgenreicher für Goethes wissenschaftliche Fragestellung. Du kannst sehen, daß der Granit zusammengesetzt ist, du kannst auch feststellen, *wie*; symbolisch betrachtet (»Sie wissen, wie simbolisch mein daseyn ist«) mag seine Festigkeit zu deiner eigenen grenzenlos beitragen. Doch nun zeigt er dir auch die Grenze. Nach dem Warum oder Woher nämlich darfst du den Stein sowenig fragen wie nach dem Wozu – es sei denn, du bist bereit, jede Antwort als größere Frage zu betrachten. Hat sich die Verbindung des Granits zuerst im Wasser gebildet, ist sie im Feuer verschmolzen? Darüber herrscht heute eine eindeutige Meinung, die derjenigen Goethes konträr ist. Er hat auch sie schon als Ausdruck einer bestimmten Anschauung gelten lassen, wenn ihm das Auge dazu, wie etwa dasjenige Alexander von Humboldts, auch sonst vertrauenswürdig vorkam. Nur: seine eigene Anschauung sagte ihm etwas anderes, und er behielt sich vor, ihr treu zu bleiben.

Objektiv in unserem Sprachgebrauch ist das gerade nicht; in demjenigen Goethes sehr wohl, wo das Objektiv immer von der Optik eines Auges bestimmt bleibt – und diese wiederum von noch ganz anderem mitbestimmt wird: von Geschichte, Bedürfnis, Erwartung, Gelegenheit. Modern würde man wohl von der kulturellen Bedingtheit der Wahrnehmung sprechen – die wissenschaftlich genannte Wahrheit davon auszunehmen wäre Goethe nicht eingefallen. Freilich hätte er ebensowenig unterstellt, daß sie ihr Objekt geradezu *konstruiere*. Dafür war ihm dessen Eigensinn zu greifbar – und zu heilig. Dennoch betrachtete er den wissenschaftlichen Akt als Beziehungsfrage. In einer guten Beziehung verbietet sich dies und das: Ungeduld, Indiskretion, Voreiligkeit, Verallgemeinerung, Ausbeutung. Die Frage nach dem Woher – und erst recht dem Wozu – eines Gegenstandes fiel für ihn unter diese Kategorien der Schäbigkeit. Sie verboten sich – auch wenn sie hie und da zu beantworten waren – aus Gründen der Würde, des Respekts und des guten Stils. Dieser gebot dafür, sich auf

die einzige mit der Natur kongeniale, kompatible und koope-
rative Frage zu beschränken, die sich auch mit Hilfe fünf
guter Sinne beantworten läßt: WIE?

Der »Roman über das Weltall« muß sich mit morphologi-
scher Wahrnehmung begnügen, der Sprache – und der Metamorphose – der Formen, zum Beispiel: den Taten und Leiden
des Lichts. Die Naturgeschichte sei die Geschichte der sich
entwickelnden Grenzen; sie bezeichnen das Getrennte; sie
lassen das Verbindende erkennen. Der Betrachter würdige die
Autonomie der Organisation; denn nur so betrachtet verweist sie auf Verwandtschaften und gibt Zusammenhang zu
verstehen.

Goethe würde unsern Begriff von Wissenschaft tendenziös,
um nicht zu sagen barbarisch finden: es wäre ihm zuviel Absicht an unserer Empirie, und zuwenig »Zartheit«. Unsere Erfahrungen sind entsprechend; wir wissen immer zu gut, wohin die Reise gehen soll, und wundern uns immer aufs neue –
und doch nie genug –, wo wir landen. Um auf den italienischen Aufenthalt zurückzukommen: Goethe wußte es nicht.
Heterogenste Motive: aber er verließ sich auf die Festigkeit
ihrer Verbindung. *Wie* er nun geworden war, konnte wieder
etwas werden, auch etwas mehr. Dafür brauchte er nicht einmal sich selbst zu erkennen. »Erkenne dich selbst!« hat er ohnehin für eine irreführende Weisung gehalten. Indem und insofern er Formen sah, nahm er Form an: darauf durfte er sich,
im vollen Sinne des Wortes, verlassen. Nach Maßgabe dessen, was er fand, fand er sich selbst immer wieder. Nur auf
das Wie kam es an. Und hinsichtlich Weimars hatte die Antwort 1786 einfach gelautet: so nicht.

Goethes Lebenstraum – wer oder was hätte ihn erfüllen
sollen, wenn nicht der gelebte, immer unvorhergesehene Au-

genblick? Und worin, wenn nicht in der Aufhebung seiner Flüchtigkeit, wäre etwas wie Dauer zu suchen gewesen? Eben darauf hat Faust ja seine Seele verwettet. Seine Tragödie bestand nur darin, daß eine Wette, die aus Verzweiflung an ihrer Erfüllbarkeit abgeschlossen wird, nicht zu gewinnen ist. Sie läßt sich, darin besteht der Trick des Dramas, allerdings auch nicht verlieren. Goethe hält dem unseligen Doktor, der weder recht jung noch recht erwachsen werden kann, immerhin seine Fehlübersetzung des Johannesevangeliums zugute: »Im Anfang war die Tat«. Kraftmeierisch, wie sie ist, enthält sie doch die Anweisung an einen Engel, der bei Goethe auch retten kann, was eigentlich nicht zu retten ist; sein lebenslänglicher Name heißt: *Tätigkeit*. Für Goethe garantiert sie auch dem Blindesten eine Entwicklungschance, liefert ihn dem morphologischen Korrektiv aus. Sie ist der Stoff, in dem sich, von einem Knoten zum andern, schließlich ein festes Muster webt. »Die Tat belebt, aber beschränkt«, hat Goethe seinen Wilhelm »Meister« lernen lassen; und wenn es der schrankenlose Faust bis zu seinem Ende als Technokrat nicht lernen will – der Augenblick, den er für seinen glücklichsten hält, ist derjenige seiner maximalen Verblendung –, so kann ihm immer noch die Ironie rettend unter die Arme greifen. Denn nur in ihr ist dieser unheilbare Lebensträumer und Zeitverschwender zureichend aufgehoben. Im Himmel des Spiels oder nirgends können Augenblick und Ewigkeit so eins werden, wie wir's uns ein Leben lang träumen lassen.

»Diese sehr ernsten Scherze« hat Goethe sein »Hauptgeschäft« zusammengefaßt – diese Scherze sind der gleichnishafte, der unfaustisch heitere Sieg über das Vergängliche. Denn sie spielen auch *mit* der Vergänglichkeit.

Erst da sei der Mensch ganz Mensch, wo er spiele, dekretierte Schiller; bei Goethe liest sich sogar dieses schöne Sittengesetz weniger ernsthaft. Nein, so ganz nur Mensch mußte das Animal humanum nicht sein, um spielen zu dürfen; und *ganz* braucht er dabei auch nicht werden zu wollen. Die Natur, die größere Spielerin, hat auf ihn auch nicht so dringend gewartet, wie er sich gerne einbildet. Sie weiß, von den Steinen bis zu den Sternen, noch ganz andere Spiele, und angesichts ihres Repertoires kann er sich eigentlich zu nichts Höherem bilden als zum Staunen und zur Bescheidenheit. Dafür gönnt sie ihm allerhand Kunstfreiheit und spielt ihm ganz von selbst mit, wenn er sich dabei überschätzt, weiß ihn aber auch wieder zu tragen, wenn er sich übernimmt.

Woran liegt es, daß Goethes Lebensarbeit, Tag für Tag dokumentiert wie diejenige keines andern Menschen, für ihre Leser selbst eine Art Lebenstraum geworden ist? Wer einmal von ihm gebannt ist – durchaus nicht kritiklos gebannt –, liest ja nicht nur seine Bücher; versucht auch in seinem Gesicht, seiner Physiognomie zu lesen, die uns in großer Vielfalt und doch immer kenntlich überliefert ist; liest seine Lebenszeichen wie eine Botschaft, die, wie es scheint, gar nie ausreichend entziffert werden kann. Ich glaube, es ist nicht der Geniefall, der uns so beschäftigt; es ist *Jedermanns* Rätsel, das in ihm keineswegs gelöst, aber einmal, endlich, in vollem Umfang gestellt, in ebenso großen wie feinen Zügen gelebt erscheint: das Ereignis der Individuation, das Wunder einer Individualität.

Wahrhaftig, dies ist nicht nur seine Sache. Es ist die Sache eines jeden und einer jeden, Mann oder Frau, und er hatte von beiden viel. Muß man über alles Maß bedeutend sein, damit man etwas zu bedeuten hat, sich und einigen andern; darf nicht das eigene Maß genügen, und warum soll es so schwer sein, daß es uns nie genügt, oder wir ihm? Sie müßte selbstverständlich, ja, die Regel sein für jeden Menschen dieser Erde, die Ausnahme, die wir in diesem Goethe feiern. Und doch: nichts daran versteht sich von selbst, für ihn sowenig wie für unsereinen. Wie nur ist es ihm gelungen?

Wie, fragen wir und meinen für einmal nicht das Knowhow, es fällt uns diesmal auch nicht ein zu fragen: warum und wozu? Auffallen darf uns immerhin, daß wir nach ihm gefragt haben, wie er nach der Wirklichkeit. Es war die klassische Frage von Gebildeten, und diesmal war nichts von der Bildung gemeint, die mit hoher Schule, Hochmut, Dünkel und Exklusivität zusammengeht. Viel eher paßt sie zu dem Kiesel, den wir in die Hand nehmen können, oder zu einem Fell, das wir streicheln: wir meinen diesmal wirkliche Bildung; und sie erfahren wir in seiner Gestalt.

Wer war er? Das wissen wir sowenig wie er selbst und immer weniger. Wie ist er? Das können wir lesen, erleben und prüfen, es ist kein Traum. – Oder weht uns daraus ein Hauch einer schlafenden Gottheit an, der es zustieß, uns zu träumen, wie wir sind, so oder auch ganz anders – nicht so einfach, aber einfach so? »Denn«, schreibt Goethe zu Winckelmanns Gedächtnis, »wozu dient alle der Aufwand von Sonne und Planeten und Monden, von Sternen und Milchstraßen, von Kometen und Nebelflecken, von gewordenen und werdenden Welten, wenn sich nicht zuletzt ein glücklicher Mensch unbewußt seines Daseins erfreut?«

Wenn das kein Lebenstraum ist.

Die Teufelswette

Wie haben sie eigentlich gewettet, der Doktor Faust und sein Teufel, und worum?

Im »Volksbuch« des 16. Jahrhunderts war so viel klar: der Homo novus der Renaissance ist bereit, für die Ausstattung zum Zauberer und Tausendsassa seine Seele zu verpfänden. Dem Erlösungswerk Christi zum Trotz kommt er auf die Verheißung der Schlange zurück: »eritis sicut Deus«. Als Hexenmeister befriedigt er seine Allmachtsphantasien und tritt auf dem Markt der neuen Eitelkeiten mit einem konkurrenzlosen Produkt an: der – wenn auch befristeten – Gewalt über Raum und Zeit. Nach dem mittelalterlichen Todsünden-Katalog macht er sich der vollendeten Superbia schuldig und tut mit Beihilfe seines Leibteufels das schlechterdings Verbotene – vierundzwanzig Jahre und keinen Tag länger.

Untergründig lebt die Spannung der Fabel davon, daß das moralische Urteil über diesen Erz-Hexer nicht mehr eins ist mit sich selbst. Dieser Umstand schärft beides, Schuldbewußtsein und Faszination. Der Zauberdoktor ist der Vorreiter einer Epochenwende; dabei begleiten ihn die besten und die schlimmsten Wünsche seiner Zeitgenossen. Am bösen Ausgang der Sache jedoch darf noch kein Zweifel erlaubt sein. So läßt sich das Publikum die Wunder nur zu sehr gefallen, die der Doktor mit Teufels Hilfe wirkt, erwartet aber das Ende der Frist mit derselben schauderhaften Befriedigung, die einen Ketzer auf den Scheiterhaufen begleitet. Auch der Teufel verbirgt, kaum ist der Pakt besiegelt, seine Schadenfreude über die sichere Beute nicht. Doch bleibt der Böse gerade mit seiner lückenlosen Bosheit immer noch ein Erfüllungsgehilfe der Heiligen Schrift. Er muß, wenn auch zähneknirschend, ausführen, was geschrieben steht. Der Mensch, der anders spekuliert, hat sich selbst betrogen. Insofern bleiben Gut und Böse berechenbare Größen. Sünde und Bosheit, Schuld und Strafe mögen keine Grenzen kennen, doch dem Teufel sind solche gesetzt. Insofern ist er geschäftsfähig. Man kann wissen, was man an ihm hat, was ganz gewiß nicht, und womit man den Handel am Ende bezahlt.

Bei Goethes Doktor liegt der Fall komplizierter. Zuerst: was er mit Mephisto abschließt, ist kein Pakt, sondern eine Wette, und zwar eine, der – wenn auch entstehungsgeschichtlich sekundär – eine höhere, eher zwanglos behandelte zugrunde liegt. Im »Prolog im Himmel« erhält Mephisto vom »Herrn« höchstselbst die Erlaubnis, »meinen Knecht« Faust zu versuchen. Im Kern geht diese Rahmenwette über einen sportlichen Wettbewerb weit hinaus: sie ist ein Testfall für den vernünftigen Sinn der Schöpfung. Weiß der Mensch, das ausgezeichnete Geschöpf, das ihm verliehene »Himmelslicht«, das gefährliche Geschenk des freien Willens recht zu brauchen? Legt das Ebenbild für den Bildner Ehre ein, wenn es nichts weiter als seine Vor-Schrift befolgt, oder zeigt sich Verdienst auch – oder überhaupt erst – in der Versuchung? Genügt es, ihr zu widerstehen, oder kommt es dann auf den Gegenversuch an, bei dem der Mensch zeigen kann, wes Geistes Kind er ist? Obwohl der »Prolog im Himmel« ans biblische Buch Hiob angelehnt ist, fehlt Goethes höfischer Theodizee der letzte Ernst. Notfalls hat es ja der Allmächtige ex officio in der Hand, seiner Prognose Geltung zu verschaffen und menschliches Irren auf dem Gnadenweg zu berichtigen.

Wie aber lautet danach Fausts Wette mit Mephisto?

> Kannst du mich schmeichelnd je belügen,
> Daß ich mir selbst gefallen mag,
> Kannst du mich mit Genuß betrügen,
> Das sei für mich der letzte Tag!

Darauf folgt der allbekannte Kern der Wette, mit der entscheidenden Klausel:

> Werd' ich zum Augenblicke sagen:
> Verweile doch! du bist so schön!
> Dann magst du mich in Fesseln schlagen,
> Dann will ich gern zugrunde gehn!

Leser oder Publikum erleben an dieser Stelle keinen Mann, der um jeden Preis *wissen* will, sondern einen, der seines umfassenden, doch fruchtlosen Wissens sterbensmüde geworden, am guten Sinn seiner Existenz verzweifelt ist. Bevor der Teufel die Bühne betrat, hat Faust schon bei wundermächtigen Schriften Rat gesucht, doch der Analogiezauber, der Mikrokosmos und Makrokosmos, Schöpfer und Geschöpf verbindet, bleibt Theorie und vermag ihn nicht zu trösten. Der »Erdgeist« aber, den er danach zitiert, versagt sich seiner Beschwörung:

> Du gleichst dem Geist, den du begreifst,
> Nicht mir!

Aus der Klausur des Doktors führt einstweilen kein Weg hinaus ins »volle Leben«, die Vita activa des vollgültigen Weltkindes. Aber: daß der Geist der Natur für Faust nicht zu »begreifen« ist, könnte auch an einem untauglichen, dem Objekt der Wünsche nicht angemessenen Zugriff liegen. Die Ungnade könnte nicht dem Ziel des faustischen Strebens an sich, sondern dem Kurz-Schluß bei seiner Verfolgung gegolten haben. Das Magnum Opus könnte dem Studierstuben-Titan gerade jene »Geduld« abverlangen, welcher er »vor allem« abgeschworen hat. Der Verzweifelte würde dann gegen eine Wand rennen, die er selbst aufgebaut hat. Wort, Sinn, selbst »Kraft« sollen seinem Unmittelbarkeitsdrang nicht genügen; gleich als »Tat« übersetzt er sich den Logos am Anfang des Johannesevangeliums. Es bezeichnet auch den Anfang der Schöpfung, und darunter will es auch Faust selbst nicht tun. Er kann (und will) noch nicht wissen, was der alte Goethe der »Tat« nachsagen wird: Sie »belebt, aber beschränkt«. Daß ihr Antagonist, der »Sinn«, »erweitert, aber lähmt«, hat Faust im Exzeß seiner Gelehrsamkeit allerdings bis zum Überdruß erfahren. Zur Abhilfe ist ihm jetzt auch der Teufel recht, das Hundsgeschöpf, dem er seine Geringschätzung nicht verbirgt. Mag »des Pudels Kern« noch so »beschränkt« sein: genug, wenn er »belebt«.

Dabei ahnt Faust sehr wohl, daß er von diesem Partner das Unmögliche verlangt, und verbürgt sich darum – eine merkwürdige Herausforderung – für die Unwirksamkeit der angeforderten Mittel, die Untauglichkeit der angebotenen Zauberkräfte. Bei Licht betrachtet, geht er eine Wette ein, die er – an seinem eigenen Anspruch gemessen – gar nicht gewinnen kann; und eben darauf scheint es ihm anzukommen. Doch was auf den ersten Blick wie schiere Trotzleistung oder gar wie eine masochistische Klausel aussieht, verbirgt die List einer ganz besonderen Vernunft. Denn wenn die Wette für Faust ein *No-win-Game* sein soll – für Mephisto ist sie es noch mehr. Gewinnt er nämlich, ihrem Buchstaben nach, die Wette, hat er sie ihrem Geist nach verloren. Gegen eine Seele, die an der Gegenwart Genüge, »im Augenblick Ewigkeit« zu finden wüßte, hätte der Teufel nichts mehr zu melden. Sollte sich der Tatendrang Fausts aber als unstillbar erweisen, gelingt es dem Teufel auf keine Weise, ihn zu befriedigen, so hätte er mehr verloren als eine Wette. Damit wäre der diabolische Sinn seiner Existenz aufgehoben, und er hätte sich als eben das gezeigt, was er ja schwerlich sein will: als Werkzeug des Herrn. Daß er sich Faust gleich als solches vorstellt – er sei »ein Teil von jener Kraft / Die stets das Böse will und stets das Gute schafft« – wird man ja bis auf weiteres als Propaganda hören müssen. Dennoch stößt man – wie beim Satz des Kreters, der besagt, daß alle Kreter lügen – bereits an eine logische Grenze der teuflischen Spiegelfechterei. Es fehlt der Maßstab, sie von einer »Wahrheit« zu unterscheiden. Und damit beginnt bereits jene – durch keinen Vertrag regulierbare – Goethesche Klausel ins Spiel zu kommen: »Was fruchtbar ist, allein ist wahr.«

Danach würde für die Bewertung von Mephistos Rolle kein anderes Kriterium gelten können als ihre Produktivität für Faust. Damit aber nimmt die Vermutung über seine Eigenschaft für das Drama eine unvorhergesehene Wendung. Nicht, was er äußert, könnte Spiegelfechterei sein, sondern er selbst: der Teufel als Redensart. Daß aus ihr eine plastische und überaus bühnenwirksame Existenz zu ziehen ist, läßt sich jeder Inszenierung entnehmen –; da drohen Blässe und Konturlosigkeit schon eher auf seiten Fausts. Mephisto ist eine dankbare Spielfigur – und, was ihr Personifikationsvermögen betrifft, eine geniale. Nicht nur, daß sie in den Augen des Publikums auch dann, wenn sie verliert, nur zu gewinnen hat.

Je weiter das Stück fortschreitet – dem sie, ausgerechnet sie mit ihrer beweglichen Identität, die Dienste einer konstruktiven Klammer leistet –, desto deutlicher arbeitet sie »das Böse in Faust« heraus, und immer weniger in Anführungszeichen. Es ist eine neuartige, in der Geschichte noch nie dagewesene Form des Bösen, nämlich eine, die aus der wirtschaftlichen und technologischen Multiplikation des Guten – jedenfalls gut Gemeinten – entspringt und die Produktion einer neuen Zivilisation nicht als defizitäre »Nebenwirkung« begleitet, sondern in ihrem Kern angreift. In aller Stille – im 19. Jahrhundert noch so gut wie unbemerkt – hat sie das Licht über Fausts Entwicklung verändert, nämlich zur Kenntlichkeit der Sorge, mit der sie seinen Autor erfüllte. So kann sich das Merkwürdige ereignen, daß Mephisto, der seine Wette nicht gewinnen durfte, am Ende zum Anzeiger eines viel umfassenderen Verlustes werden kann, und zwar eben an der Stelle, wo Faust seinen höchsten Gewinn – und gleich für die ganze Menschheit – zu verbuchen wähnt.

Daß der Faust der »Studierzimmer«-Szene von einer solchen Metamorphose des Pakt-Gegenstands einstweilen weder wissen kann noch will, begründet gewissermaßen seine Vertragsehrlichkeit. Ihre objektive Prämisse ist die Verblendung, wie die Verzweiflung ihre subjektive. Einstweilen gilt: ein Narr, wer, wie Faust, auf Verlust wettet und seinem Partner nichts weiter als die Garantie abverlangt, daß seine Leistung nichts tauge und ihm zuverlässig faule Früchte liefere (anders lassen sich die verquälten Verse 1678-1687 kaum deuten); also keine Früchte der Erkenntnis, sondern des Rausches und der Selbstvergessenheit. Aber in dieser Narrheit steckt eine Vernunft von der Sorte, über die der Teufel keine Macht besitzt; denn er weiß nicht, was Verzweiflung heißt, und kann mit ihrer Rede nichts anfangen: »Nichts Abgeschmackters find ich auf der Welt / Als einen Teufel, der ver-

84

zweifelt.« Darum entziehen sich auch ihre Gegenstücke, Glaube und Hoffnung, seiner Zuständigkeit. Von der Liebe zu schweigen: von ihr begreift er gerade so viel, daß man ihr Gelegenheit machen muß, und wozu man diese benützen kann.

Je weniger sich die Allzu-Menschlichkeit des Teufels leugnen läßt – und Goethe bringt sie von Anfang an ins Spiel –, desto mehr ist er zu bedauern: als Werkzeug und Zuhälter einer evolutionären Dramaturgie, die über ihn hinweggehen muß – wüßte Goethe nicht vor Fausts Ende dafür zu sorgen, daß Recht und Pflicht zur Negation gerade da wieder Raum gewinnen, wo Faust die Zukunft der Menschheit an Land zu ziehen glaubt. Von diesem Standort aus wird auch Mephistos Prophetie erst eine ganz neue Dimension gewinnen:

> Und hätt' er sich auch nicht dem Teufel übergeben,
> Er müßte doch zugrunde gehn!

Freilich: mit der treffenden Frühdiagnose hat Mephisto, liest man sie gegen den Strich, auch schon seine Entbehrlichkeit für den Prozeß festgestellt, dem er durch die Wette dienstbar wird. Berechtigung gewinnt sie paradoxerweise erst da wieder, wo er, nach konventionellem Urteil, sein Recht auf Fausts Seele verloren hat. Daß Goethe, während des lebenslangen *Faust*-Spiels, seine Regeln geändert, die Ausgangspunkte der Wette so weit verschoben hat, daß sie ganz aus dem Blick geraten, war freilich nicht vorauszusehen. Es bedurfte unserer eigenen Erfahrungen mit der Zivilisation, die Goethe in seinen letzten Jahren kommen sah, um Fausts Entwicklung gewissermaßen mit den kritischen Augen Mephistos zu betrachten.

Zugleich kommt hier, in genauer Umkehrung der Ausgangslage, die Einsamkeit an ihn, den Spezialisten zynischer Klarsicht. Er steht ratlos, und am Ende betrogen, vor dem Geschäftspartner, den er »so herrlich weit gebracht« hat. Es hat seine besondere Ironie – die Ironie des alten Goethe –, daß er an dieser Stelle mit seinen eigenen Waffen geschlagen wird. Und fast ist es eine Gnade, daß nun ausgerechnet ihm, beim vergeblichen Einfordern seines gerechten Lohns, wo nicht geradezu die Liebe, so doch die Sinnlichkeit in die Quere kommt.

Aber die gleiche Goethesche Ironie ist weit entfernt, diesen Faust, den mordbrennenden Kolonisator, für die Triumphe seiner »Tätigkeit« ins Recht zu setzen. Nun erst, wo dessen Bahn aus der »Spiraltendenz« in die Zielgerade mündet (die ihrem Namen auch in Gestalt schnurgerader Kanäle Ehre macht) – jetzt, da er das Ziel seiner Wünsche als »berechtigter Mann« ins Auge zu fassen glaubt, wird auch dem gutgläubigsten Zuschauer offenbar: dieser Mann ist blind.

Das war er – bildlich gesprochen – freilich schon in der ersten Szene, als er seine Wette mit dem Teufel einging; blind nämlich für Natur und Welt, von denen er sich durch Einbildung und Ungeduld selbst ausgeschlossen hatte. Aber damit wurde er erst zum historischen, noch nicht zum anthropologischen Fall. Blenden wir in dieses deutsche Studierzimmer zurück:

Dem Bildungsbürger des 18. Jahrhunderts ist jeder Ausbruch aus dem Gefängnis seiner Innerlichkeit recht. Was nützt die schönste Seele, wenn sie »nach außen nichts bewegen« kann? Da müßte es doch mit dem Teufel zugehen – mag dieser auch »keiner von den großen« sein –, wenn er nicht wenigstens für Betrieb, gegebenenfalls auch für Betäubung sorgen könnte. Wenn der Anspruch, aus dem Nichts ein All zu schaffen, zusammengebrochen ist, dann ist alles besser als nichts. Wer sich die Begabung zur Gegenwart abspricht, findet auch keine Zukunft mehr zu bedenken, den schreckt kein böses Ende. Die Hölle kann ihm nicht drohen, die hat er schon. Seine Hölle: Das ist das Hier und Jetzt in seiner Entleerung, das zuverlässig unhaltbar gewordene Versprechen eines guten Lebens.

Ja, gerade seine Unhaltbarkeit wird jetzt Gegenstand der Wette. Faust kann sich den erfüllten Augenblick nur als seine eigene Parodie, jede Form von Zufriedenheit nur als erbärmlichen Selbstbetrug denken. »Du hörest ja, von Freud' ist nicht die Rede« – wovon denn aber? Vom »Taumel«, dem »schmerzlichsten Genuß / Verliebtem Haß, erquickendem Verdruß«.

In diesen Oxymora der Selbstquälerei verbirgt sich nicht nur Ratlosigkeit, sondern auch ein Potential, das Faust selbst nicht kennen darf, um es – und sich in ihm – zu entwickeln. Doch es erweist sich als fast unbeschränkt entwicklungsfähig. Faust hat Mephisto immer weniger nötig, um viel zu bewegen. Er verführt Gretchen und geht zu den Müttern. Er wird zum Verführer, Naturforscher, Finanzkünstler, Minister, Liebhaber Helenas, Feldherrn und Kolonisator. Sein Tatendrang verstetigt sich zur Tätigkeit. Der Widerspruch seiner Triebe entfaltet das Geheimnis ihrer Polarität. Die ehemals blockierte Energie bildet Kraftfelder ins äußere Leben; dieses bildet ihn.

Darüber wächst das Zeichen- und Repräsentations-Inventar der Dichtung, die Fausts Namen trägt, ins – für die deutsche Literatur – Beispiellose. Sie weiß eben das am besten zu nützen, woran der Figur Faust am meisten zu leiden bestimmt ist: den Widerspruch der »zwei Seelen«. Keine Schwierigkeit für Goethes Sprache: sie hat unendlich viel mehr als nur zwei; der Stoff, mit dem sie arbeitet, ist die Ambivalenz, und scheint ein Zeichen noch so frei davon: die Kunst belehrt es eines anderen und Besseren. Zu den Eigenschaften der Figur Mephisto soll es gehören – und das heißt: zu den Spielanweisungen an die von ihm verwendete Sprache –, daß sie Mehrdeutigkeit reduziert (das macht den Teufel populär). Auch die Zweideutigkeiten, die sie gerne verwendet, sollen bei ihm immer nur *einen* Sinn haben (damit hat er die Moralisten gegen sich und die Lacher auf seiner Seite).

Aber selbst wenn es dieses verfänglich einfache Modell nicht hinter den Ohren hätte: der »Teufel« wirkt in einem Sprachkunstwerk mit, das in der Produktion von neuen Kontexten unerschöpflich ist, und also wird auch ihm mitgespielt. Und obwohl der »geschlossene Charakter« nicht und immer weniger zu den darin gepflegten Fiktionsmodellen gehört, nimmt gerade der – in seiner Kernbotschaft, der Negation – scheinbar unverwüstliche Teufel darin fast jede vom Kontext verlangte Farbe an: gehört daher auch als »Charakter« zu den komplexesten des Spiels. Seine Identität als »Böser« beruht aber auch da noch auf der Eigenschaft, Komplexität von Fall zu Fall immer wieder auf den einen Sinn zu reduzieren: den in der Genesis beschriebenen der Verführung zur verbotenen Erkenntnis.

Um wieder auf der Ebene der Fabel zu sprechen: Dieser Wiederholungszwang des Teufels dient nicht nur seiner Wiedererkennung; er entspricht auch nicht nur seiner zynischen, doch erhellenden Vernunft, er ist überdies theologisch gewissermaßen korrekt. Wer, wenn nicht der Böse, will sich auf die Unerschütterlichkeit des menschlichen Sündenstandes verlassen, auf dem seine Gewinnerwartung nicht minder solide be-

ruht als der Rettungsauftrag der Kirche – jedenfalls für *diese*
Welt? Und von einer anderen soll, nach Fausts Willen, auch
gar keine Rede sein:

> Aus dieser Erde quillen meine Freuden,
> Und diese Sonne scheinet meinen Leiden;
> Kann ich mich erst von ihnen scheiden,
> Dann mag, was will und kann, geschehn.

Eben Fausts Fixierung auf das Diesseits müßte dem Teufel in
den Kram passen. Denn in »dieser« Welt hat ihm die christliche Lehre einstweilen Gewalt verliehen. Und über einen, der
die andere Welt mit so viel Nachdruck leugnet oder als uner-
heblich erklärt, müßte die Gewalt des Bösen unumschränkt
sein. Dabei gibt es nur noch einen Widerspruch zu entkräften,
der dem Diesseitsschwärmer Faust eine rein innerweltliche
Existenz vergällt. Zwei Welten will Faust nicht kennen; wohl
aber kennt er

> zwei Seelen, [. . .] ach!, in meiner Brust:
> Die eine will sich von der andern trennen;
> Die eine hält, in derber Liebeslust,
> Sich an die Welt mit klammernden Organen;
> Die andre hebt gewaltsam sich vom Dust
> Zu den Gefilden hoher Ahnen.

Ein Zweiseelen-Problem hatte schon der Doktor Faustus des
Volksbuches, nur stellte es sich noch in der Schwarzweiß-Ma-
nier eines Holzschnitts der Reformationszeit dar. Wie be-
mächtige ich mich der Natur, verschaffe mir den ungeteilten
Genuß ihrer Kräfte und Wunder – und kriege dennoch einen
gnädigen Gott? Non liquet, lautete die Antwort aller kirchlichen Autoritäten; was du deinem Sündenleib zugute tust, das

nimmst du dem Heil deiner Seele weg. Doch wollte diese schlichte Rechnung für Gewissen und Bewußtsein der Zeitgenossen immer weniger aufgehen.

Die Offenbarungen, die das »Buch der Natur« zu bieten hatte, bezeugten ja nicht minder den Geist des Schöpfers und machten ihren ganz eigenen Sinn. Man konnte ihre Zeichen immer mehr, immer wirkungsvoller auch so lesen, daß sie den Menschen instand setzten, zum »zweiten Schöpfer«, zum Meister seine Schicksals und Autor seiner selbst zu werden. Dazu bedurfte er immer weniger einer anderen, etwa kirchlichen Autorität und keiner Vermittlung als der eigenen Vernunft, keines besseren Ratgebers als seiner Freiheit und Neugier. Plus ultra, lautete jetzt nicht nur die Devise eines kaiserlichen Weltreichs, sondern auch die des forschenden Individuums, das sich autonom zu konstituieren, eigenmächtig zu konstruieren wagte. Dafür wollte es nicht mehr des Teufels sein.

Dennoch war dieser noch weit davon entfernt, zur bloßen Redensart zu verblassen. Viel eher ging es darum, sich seiner zu bedienen und ihn die Früchte der Erkenntnis und Sinnenfreude, nach denen es einen verlangte, womöglich selbst aus dem höllischen Feuer holen zu lassen, ohne dafür zu bezahlen. Die Grundlage des Teufelspaktes war eine Wette gegen die eigene Höllenangst, und sie stützte sich auf die abenteuerliche Hoffnung, den Betrüger betrügen zu können, also zum eigenen Vorteil auch so etwas wie ein gutes Werk zu tun. Und doch zeigt die gespaltene Seele an, daß dieser Sophismus gleich zweimal mit einem schlechten Gewissen zu kämpfen hat. Das kirchenfromme fürchtet das Begehen der Sünde; das weltfromme ihre Unterlassung.

Im Volksbuch behält die Sündenangst noch einmal das letzte Wort, das heißt: sie läßt den Teufel triumphieren. Die rechtgläubige Seele büßt mit der schauderhaften Lust an Fausts Ende für die Sympathie, welche er in der »andern«, illegitimen Seele erregte. Sie mußte den Erreger opfern, wenn sie sich nicht mit ihm schuldig machen wollte. Spätere Versionen des Fauststoffes von Marlowe bis Lessing arbeiten an der Legitimation dieser »andern Seele« und verschieben den Zwiespalt Fausts aus der Religion in die Psychologie. Damit aber haben sie ihn nicht aufgehoben, sondern eher vertieft. Wenn die Hölle ein Ärgernis der Aufklärung war, so blieb die Aufklärung – zumal die atheistische – ihrerseits ein Risiko, dem sich noch fast niemand ohne Furcht und Zittern aussetzte.

In Goethes genialisch überhöhtem Subjekt erhebt sich der Zwiespalt der Seele zum Leitkonflikt der Epoche. Der deutsche Bildungsbürger träumt davon, sein Schicksal (»tatenarm und gedankenvoll«) zu brechen, den »Durchbruch« in die Welt zu wagen, wozu Teufels Gewalt nicht zu entbehren ist; zu wenig hat der Dritte Stand, wie in Frankreich, auf seine eigene Kraft trauen gelernt. Hier das Herzensbedürfnis, »in derber Liebeslust« an den Brüsten der Natur zu hangen, der heiliggesprochenen Mutter der wahren Empfindung; dort die Trotzleistung im Namen eines mannhaften Selbstentwurfs, dem für den jungen Goethe Prometheus Modell gestanden hat, wie Ganymed für den – homophil chiffrierten – Traum grenzenloser Symbiose. Das sind natürlich, wie Kierkegaards Verzweifelt-sich-selbst-sein-Wollen und sein scheinbares Gegenteil, zwei Aspekte einer Disposition und derselben Seele; aber was unglücklich ist, beschreibt sich, zu seiner Entlastung, als »zerrissen«.

Goethes *Faust* – der Tragödie Erster Teil – lebt davon, daß ihr Protagonist nicht sehen kann, wie sich ein Konflikt, den er so *unmittelbar* erfährt, denn vermitteln lassen soll – nämlich ohne Aufgabe der Person. Gleich unbedingt verlangt er nach Lösung, wie er an seinem Konflikt festhält – festhalten muß, weil dieser Konflikt sein Selbst nicht nur spaltet, sondern auch begründet. Die Todsünde dieser armen Seele kann nicht mehr die Superbia des Volksbuches sein. Es ist die »Ungeduld« – gerade in ihr, die sein Unheil ist, glaubt er sein Heil suchen zu müssen.

Fausts Fluch über die Geduld ist die psychologische Grundlage der Teufelswette; und in dem Maße, wie der Fluch verstummt, wird auch ihr der Boden entzogen. Aus dem Traum der großen TAT erwacht Faust zur Tätigkeit, die er an ihrer würdige, nicht mehr zum Entleeren und Wegwerfen bestimmte Gegenstände binden lernt. In diesem Prozeß objektiviert sich nicht nur gewissermaßen das faustische Subjekt; es wird auch in jene Rechte, die es zuvor so stürmisch wie verzweifelt, daher umsonst für sich gefordert hat, eingesetzt – und in seine Pflichten.

Die als unüberbrückbar erlebte, darum voreilig absolut gesetzte Lücke zwischen dem Individuum und den Objekten seiner Begierde kann nun zum Spielfeld seiner Tätigkeit werden. Unbearbeitet war sie der Abgrund gewesen, in welchem der Teufel saß. Und für die Befreiung aus ihm, das heißt: zur hinreichenden (statt räuberisch zupackenden) Vermittlung zwischen Objekt und Subjekt (so wird in Goethes Notierung die richtige Reihenfolge lauten) wird Faust keinen »Versucher« mehr nötig haben. Der »Versuch« genügt – und der Irrtum, ohne den es ihn nicht gibt, kann ihm nur förderlich werden. Denn jeder eingesehene Irrtum ist soviel oder mehr als ein geglückter Versuch.

Und in dem Maße, wie sich die Anlage, und damit die Statik, von Goethes *Faust*-Dichtung im lebensgeschichtlichen Fortschritt verschiebt, fällt auch Mephisto eine andere Rolle, eine Vielzahl neuer Rollen zu, die sich mit keinem heilsgeschichtlichen Präskript vertragen; sie genügen nicht einmal mehr der Fiktion eines Bühnencharakters. Der Teufel muß auch für die mystischen »Mütter«-Verse, für den Part der vielwissenden Phorkyas, für die Theorie des Vulkanismus oder einen Kommentar ins Publikum zur Hand sein, wenn es darauf ankommt – und auf seine Identität als Böser scheint dabei so gut wie gar nichts mehr anzukommen. Eher vertritt er gegenüber Stimmen des Glaubens oder der Hoffnung die Sache der Skepsis und des Zweifels – und verhält sich, gebeten oder ungebeten, der faustischen Produktion gegenüber nicht anders als Goethe gegen diejenige seiner Zeitgenossen – oder auch seine eigene, wenn er sich dem »Unmut« überließ. Ja, Mephisto wird im Welttheater um so dringender benötigt, je mehr es seinen prästabilierten Charakter, die Reste eines frühneuzeitlichen Bühnenbilds, abwirft und zu einem modernen Spielplatz der Fiktionen wird, unter denen die Stimme sokratischer Ironie und eines wohlverdienten Zynismus zu den dringend benötigten gehört.

Viel eher als Faust ist es also *Faust*, die Dichtung, welche die Dienste dieses Teufels, das Salz eines begleitenden und berechtigten Kulturpessimismus nicht entbehren kann. Und immer mehr ist es jetzt der Titelheld selbst, der ihm Stoff und Gelegenheit dafür liefert. Konnte »der Geist, der stets verneint«, vor dem zerrissenen Faust noch grausam und schnöde wirken: angesichts des positiven Helden, des immer schrankenloser tätigen Gründers, wird Negation notwendig, Einspruch zum Kennzeichen von Zivilisation.

Denn: wenn die Gespaltenheit des Anfängers überholungsbedürftig war – seine Entwicklung zum Unternehmer wäre es erst recht. Je weniger er beim Verfolgen seiner Ziele selbst gespalten ist, desto gewisser spaltet er, wenn er sie erreicht, die Welt. Fausts Ende ist von einer profunden Zweideutigkeit, welche auch Goethes Kunst nicht mehr aufheben kann – und aufzuheben sich nicht mehr bemüht, es sei denn in einer der Tragödie – deren Name jetzt keine Formalität mehr ist – inkommensurablen Sprache einer himmlischen Apotheose. Gegen die Sorge, welche den sterbenden Faust beschleicht, wirkt die Zwei-Seelen-Ach-Misere seines Anfangs wie ein Kinderspiel. Je höher und auch respektgebietender Faust sein Lebenswerk aufrichtet, desto unübersehbarer öffnet sich der Riß in seinem Fundament. Und es ist jetzt kein individuelles Defizit mehr, mit dem sich Goethe aufhält, sondern ein strukturelles und ontologisches, mit dem das Projekt Moderne, dem sich Faust verschreibt, eine fatale Diagnose, eine infauste Prognose herausfordert.

Dafür braucht der Autor keinen Teufel mehr zu bemühen: das sehende Auge genügt, das Faust selbst abhanden gekommen ist. Was an seiner Entwicklung menschlich heißen darf, erzeugt beim besten Willen, und kraft des besten, eine unmenschliche Realität, und noch dazu eine Welt der vollendeten – und was Fausts Lebenszeit betrifft: unwiderruflichen – Selbsttäuschung. Die entfesselte technokratische Energie erweist sich am Ende wieder als Werk einer Spaltung, nicht mehr eines Individuums, sondern einer Zivilisation. Was zu ihrer Beschleunigung antreibt, ist eine Ungeduld höheren Grades, die sich selbst als Fluch nicht mehr erkennen kann. Die faustischen Täter haben den Weg in ihre neue Welt mit (fast) lauter guten Taten gepflastert. Mangel und Not haben sie tendenziell daraus verbannt; von Schuld wollen sie, angesichts der Sachzwänge, mit denen sie konfrontiert waren, nichts wissen, und in diesen drei Punkten spricht sie Goethes Dichtung frei.

Von den vier »grauen Weibern« bleibt nur die Sorge übrig, die ihr Recht bei Faust einfordern darf; sie aber spricht ihm ein Urteil, gegen das es keine Berufung gibt. Denn es ist, im Kern, seine eigene, geleugnete Sorge, die sich bei ihm Zutritt verschafft. Sie macht ihn blind, zum Zeichen, daß er es schon ist. Was er als seinen höchsten Augenblick feiert, widerspricht allem Augenschein. Die graue Sorge ist, wie ihre bunte Schwester, die Phantasie, ein Geschöpf der Zukunft; und gerade diese Zukunft hat Faust jetzt, da er sich zu ihr beglückwünscht, verwirkt. Der Umfang seiner Selbsttäuschung bleibt offen. Aber die Sorge ist nicht abzuweisen, daß der Versuch Fausts, bei aller Berechtigung jedes einzelnen Schritts, als Ganzes ein Irrtum gewesen sein könnte, ein Scheingewinn, den der Gewinner am Ende doch mit seiner Seele bezahlt.

Weil nach einem großen Ganzen gestrebt wurde; weil in dieser Größenordnung für unsere Gattung kein Heil zu finden ist? In diese Richtung deutet die Abkehr des alten Goethe von der Chimäre eines »Allgemeinen«, gegen das er nicht nur den Primat, sondern die allein bindende Realität des einzelnen Falles statuierte. Bei diesem allein sei Wahrheit – um den Preis, daß sie keinerlei Abstraktion (etwa mathematische oder auch moralische) verträgt. Diese wäre, auch in wissenschaftlicher Verkleidung, das Äquivalent des Seelenverkaufs. Die Wettklausel, die Faust vor seinem Ende doch noch über die Lippen kommt (nachdem sie Goethe in seinen Entwürfen lange gedreht und gewendet hat), würde dann, als Glücksverheißung ausgesprochen, zum schieren Irrealis, also zum Ausdruck der Verblendung dessen, der die Sorge negiert, und seines Realitätsverlusts. Das Versprechen einer befreiten Menschheit kann sich nur als Chimäre zeigen – oder als Diktatur verwirklichen, als ihre eigene böse Parodie. Dennoch: gehört soll es werden. Goethe legt es darauf an, die Sprache böser Selbsttäuschung mit derjenigen des höchsten Erdenglücks zusammenzuführen. Doch mit dem entscheidenden Wort fallen die Zeiger der Uhr. Was dabei fast geräuschlos mitfällt, ist die Hoffnung auf alles, was seit der Aufklärung »Fortschritt« heißen durfte – dessen Maxime ja auch noch der natürlichen Evolution, der ins Biologische umbuchstabierten Heilsgeschichte zugrunde liegt. In der Geschichte der Menschen sucht Goethe ihre Spur längst nicht mehr; mit Fausts Ende scheint er die Entelechie, den »Index der Erlösung«, aus dem anthropologischen Repertoire überhaupt fallen zu lassen.

Oder bliebe die Möglichkeit, daß Goethe damit nur die gesellschaftlich organisierte, in die Arbeitsteilung verkaufte Menschheit von der Verheißung ausgeschlossen hätte? Daß diese für die »Menschheit« des Einzelnen (dieser Wortgebrauch war ihm noch geläufig), die er für unveräußerlich hielt, intakt blieb? Oder gar für einen Entwicklungsgedanken des Lebens *ohne* den Menschen? Das sind mephistophelische Spekulationen – die ihren Schrecken freilich in dem Maße verlieren, als Mephistos Negationen an Humanität gewonnen haben. Es fragt sich, wie weit der alte Goethe seine Überzeugung – Eckermann hat sie im Sperrdruck wiedergegeben – ausgedehnt hat: »Der Mensch muß wieder ruiniert werden.« Er sagte es heiter – angesichts des hereinbrechenden Maschinenwesens scheint er damit eher Zuversicht als Sorge ausgedrückt zu haben. »Denn alles, was entsteht, / Ist wert, daß es zugrunde geht.«

Am Ende, *nach* dem Ende, ist es die Liebe, die im *Faust* für die fernere Metamorphose des Helden gutsagen muß. Aber sie spricht ihr letztes Wort über ihn post mortem, also auch, bei dem selbsterklärten Heiden Goethe, quia absurdum. Mit den gesungenen Bildern von »Bergschluchten« und »Himmel« verhängt er das offenbleibende Gewölbe seiner Tragödie mit der zartesten Illusion einer festen Decke. Gemalt könnte sie von Tiepolo (aber mit den Farben Claude Lorrains), komponiert müßte sie von Mozart sein. Hier ist sie gelungen, jene Fortsetzung der *Zauberflöte*, um die sich Goethe früher eher glücklos bemüht hatte, ein zitternder Sternenschleier vor einer um so tieferen Nacht.

Diese Schlußbilder sind kein ergänzter Rahmen, keine Gegenstücke für den »Prolog im Himmel«. Hier wird nicht mehr unter Männern gewettet. Hier kann nur noch Gnade walten, in der Verkleidung weiblicher Grazie.

Daß Mephisto zum Ende, das kein gutes sein kann, darum aber auch nicht böse wird, in die einem Teufel angestammte Rolle zurückfällt, ist eine Gnade anderer Art und nicht minder ein Entlastungszauber gegen das Gewicht der Tragödie. Der Kontrast von Mephistos widerwilliger Begehrlichkeit zu den Himmelstönen, mit denen ihm die englischen »Racker« zusetzen und zum Schaden sublimen Spott fügen, macht ihn, wo nicht zum armen Teufel, so doch beinahe zur Lustigen Person. Jedenfalls wird er wieder auf seine Theaterexistenz reduziert. Daß »alles Vergängliche [...] nur ein Gleichnis« sei, darf jetzt auch für ihn gelten, ob es ihm gefällt oder nicht. Auch er soll damit nicht »gerichtet«, sondern »gerettet« sein – jedenfalls für die Poesie, und wird damit zum respektablen und applausfähigen Mitspieler der »sehr ernsten Scherze«, zu denen der Autor sein Hauptwerk selbst erklärt hat. Die Kunst, nur noch Kunst allein, kann dafür sorgen, daß Fausts Ende jenseits von Gut und Böse spielt – »welch Schauspiel! aber ach! ein Schauspiel nur!« Nichts Geringeres.

Ein Spielverderber, wer hier noch nach Gewinn oder Verlust der Ausgangswette fragt – sie hat sich erledigt, aber nicht nach Verdienst, sondern von Gnaden des Spiels. »Das Ewig-Weibliche / Zieht uns hinan« – noch schöner, wenn das Gegenteil genauso wahr sein sollte. Und um so besser, wenn das mystische Lob seine Profanierung in der Hexenküche nicht zu scheuen hat: »Durch Weiberkünste, schwer zu kennen, / Verstehen sie vom Sein den Schein zu trennen.« So oder so: »das Naturell der Frauen / Ist so nah mit Kunst verwandt.« Nicht nur Mephisto wird davon getäuscht. Aber daß auch er sich davon täuschen läßt, erhebt ihn wider seinen Willen zur humanen Figur. Und das heißt: zu einer Forderung an die Humanität – quia absurdum.

Denn der Mensch ist nicht gut – fast sowenig wie böse, er ist, der er ist. Das ist eine Zuschreibung Gottes, eine Umgehung Seines Bildnisverbots. So ist Er Moses erschienen, der ihn nur – wie der hebräische Text lautet – »von hinten« sehen durfte – also: nicht *ganz* anders, als der betrogene Mephisto die appetitlichen Engelknaben gesehen hat. Anderseits: nicht nur die reine Iphigenie war – nach dem Eingeständnis ihres Schöpfers – »verteufelt human«. Das sogenannte Böse ist es auch, und was uns zu fassen besonders sauer wird: nicht nur das »sogenannte« Böse. An Hiroshima war nichts Sogenanntes, Auschwitz ist keine Metapher. Wir haben uns eine Welt geschaffen, in der die Condition humaine durchaus nicht mehr – wie noch im christlichen Mittelalter – »nur ein Gleichnis« ist.

Darum ist die Dichtung eines. Ihre Kunst besteht daraus, und darauf, den flotten Zugriff des Urteils abzuweisen und sich der Reduktion auf wahre (oder falsche) Sätze zu verschließen. Denn sie handelt nicht nur von der Undurchsichtigkeit, in der wir existieren. Sie macht sie transparent, und darin – nur darin – geht sie über das Ende der Hoffnung hinaus, aber auch über das Ende der Verzweiflung: als wäre ihr alles eins. Dabei ist in der Würdigung der Einzelheit nichts und niemand so exakt, so gewissenhaft wie sie.

Farbe, Kreuz, Gedicht

1

»Lieben Kinder, still, still, nur nichts Politisches, das mag er nicht; wir können ihn da freilich nicht loben, aber er ist doch zu groß.« So der Freiherr vom Stein über Goethe in dessen Gegenwart am 26. Juli 1815. Man saß im Reisewagen nach Köln, der Alte schien eingenickt zu sein, aber konnte man sich darauf verlassen? Jedenfalls bemerkt einer der Reisegefährten, Ernst Moritz Arndt: »Nimmer habe ich Steins Rede in Gesellschaft stiller tönen gehört.« Und das zu einem Zeitpunkt, wo deutsche Patrioten zu starken Tönen greifen, im Glauben, die eine deutsche Nation, das Reich von Gnaden des Volkes, stehe nicht mehr nur in den Sternen, es sei den Deutschen in naher Zukunft zu vollenden aufgegeben, und beginnen müsse es mit dem Kölner Dom. Und für dieses »Monumentum Germanicum« werde doch auch der 68jährige Weltbürger zu gewinnen sein, der als junger Mann dem Meister des Straßburger Münsters ein Denkmal gesetzt und »teutscher« Art und Kunst eine Bresche geschlagen hatte.

Doch Epimenides in der Kutsche stellt sich schlafend. Und wenn er öffentlich erklären wird, erwacht zu sein, klingt sein Text wie folgt:

> So rissen wir uns ringsherum
> Von fremden Banden los.
> Nun sind wir Deutsche wiederum,
> Nun sind wir wieder groß.
> [. . .]

Und Fürst und Volk und Volk und Fürst
Sind alle frisch und neu ...

Ein falscherer Ton dürfte kaum je den berühmten Lippen ent-
flohen sein. Und der Subtext dazu – von Heinrich Luden
überliefert – hört sich denn auch ganz anders an:
»Ich habe oft einen bittern Schmerz empfunden bei dem
Gedanken an das deutsche Volk, das so achtbar im Einzelnen
und so miserabel im Ganzen ist. Eine Vergleichung des deutschen Volkes mit anderen Völkern erregt uns peinliche Gefühle, über welche ich auf jegliche Weise hinwegzukommen
suche, und in der Wissenschaft und in der Kunst habe ich die
Schwingen gefunden, durch welche man sich darüber hin-
wegzuheben vermag; denn Wissenschaft und Kunst gehören
der Welt an und vor ihnen verschwinden die Schranken der
Nationalität.«
Goethe als Zeuge für deutsche Zuversicht: ein Ausfall. An
einen anderen als einen »moralischen und literarischen Ver-
ein« seiner Landsleute mag er jetzt noch weniger denken als
in den Jahren der sogenannten Klassik. »Zur Nation euch zu
bilden. ...« Das »Vergebens«, in welches der Xenien-Hexa-
meter ausklingt, ist durch Vaterlandsgesänge nicht widerleg-
bar. Der »freie gebildete Mensch«, den Goethe im Auge hat,
suchte andere Töne. »... da der Deutsche nichts Positives anerkennt und in steter Verwandlung begriffen ist, ohne jedoch
zum Schmetterling zu werden, (entspringt) eine solche Reihe
von Bildungsverschiedenheiten, um nicht Stufen zu sagen,
daß der gründlichste Etymolog nicht dem Ursprung unsers
babylonischen Idioms, und der treueste Geschichtsschreiber
nicht dem Gange einer sich ewig widersprechenden Bildung
nachkommen könnte.« Sogar die kulturelle Utopie, die dem

Klassiker noch erreichbar schien, wäre an die Bedingung gebunden, daß es »Gott gefiele, in Einer Nacht den sämmtlichen Gliedern deutscher Nation die Gabe zu verleihen, daß sie sich am andern Morgen einander nach Verdienst schätzen könnten«. So bleibt der resignierte Schluß: Was an dieser Nation politisch zu tun sei, »überlassen wir Privatleute, wie billig, den Großen, Mächtigen und Staatsweisen«.

Aber der staatsweise Mann, der die jüngeren Stimmen in seiner Kutsche zur Stille vor dem Verstummten angehalten hat, dieser Freiherr vom Stein ist mit seinem Reformwerk gerade an seinem eigenen »Mächtigen und Großen« gescheitert. Und epochal an sich selbst gescheitert ist natürlich der Größte und Mächtigste selbst, Napoleon, der das Gewölk der Geschichte mit seinem Blitz gespalten hatte. In seinem Licht hatte Goethe, wenn auch mit Schaudern, ein Ur-Phänomen zu sehen geglaubt, eine Verkörperung jenes Dämonischen, mit dem man sich ungern einläßt und ohne das keine Welt untergeht, aber auch keine entsteht, so wenig die Erdgeschichte ganz ohne den fatalen »Vulkanismus« auszukommen vermag. Wenn in der Geschichte alle Stränge reißen, ist es stärkste Gewalt allein, welche in ihr das Zeichen der übermächtigen Natur setzt. Und wenn es Goethe als solches lesen muß, fühlt er sich auch wider sein eigenes Gesetz zur Anerkennung gedrungen, dann aber – »doch schon hab ich umgelost« – zur lebensrettenden Erwiderung verpflichtet. Die elementare Gewalt will ihrerseits »gewältigt« sein durch Re-signation, zu deutsch: Umstellung, Umwidmung der Zeichen zum persönlichen, notfalls einsamen Kunst-Werk. Die Verwirrung verlangt nach Aufhebung an einem anderen Ort.

Lebensarbeit heißt für den Gealterten soviel wie Bereitschaft zur Metamorphose. Durch »wiederholte Pubertät« entzieht er der trüben Geschichte immer aufs neue jenen feinen Stoff, »des Lebens Leben«, die Quintessenz, die das Gedicht »An Suleika« als Prozeß der Parfümherstellung beschreibt:

Dir mit Wohlgeruch zu kosen,
Deine Freuden zu erhöhn,
Knospend müssen tausend Rosen
Erst in Gluten untergehn.

Und am Schluß der astronomisch ferne Blick ins Diesseits der Metapher, konkret: auf die Menschenopfer der Weltgeschichte:

Sollte jene Qual uns quälen,
Da sie unsre Lust vermehrt?
Hat nicht Myriaden Seelen
Timurs Herrschaft aufgezehrt?

Ein herrliches, darum revoltierendes Gedicht, ein starkes Stück von Provokation. Es steht allein in der Winterkälte des vorangehenden Timur-Napoleon-Gedichts und verschiebt die Zeichen der Todesstarre ins fatal Charmante: ein Grenzfall provokanter Re-signation, ein Farbenspiel im Granattrichter, wie es Goethe dem Dreck der »Kampagne in Frankreich« abgelistet hat. Dabei ist dieses zweiteilige »Buch Timur« selbst ein Trümmerstück innerhalb des *Divan*, und – um das Paradox messerscharf zu machen – ebenso ein Stück Verheißung, nämlich seiner »Künftigkeit« für eine andere Gesellschaft, eine umgeschmolzene Poesie. Aber der Skandal bleibt: Rosenduft, destilliert aus Leichengeruch. Nicht nur mit »schlanken Fingerspitzen« ist das Ärgernis zu greifen, das Goethe, der Erkältende, schon seinen Zeitgenossen, auch den nahe befreundeten, geboten hat.

2

Einen saloppen Kommentar zu diesem lyrischen Fall vernichtender Galanterie lesen wir in einem Brief an den Bergrat Trebra:»Uns Übersechzigern [. . .] bleibt nichts übrig, als den Frauen schön zu tun, damit sie nicht gar verzweifeln. Wie wollen wir das nun anfangen? mit den bejahrten spiele ich Karten; und die Jüngeren lehre ich irgend etwas. Vivat sequens. Gott erhalte deinen Humor! Ich habe keine weitere Ambition als daß man zu mir sagen möge: You are the merriest undone Man in Europe.«»Undone«: im *Faust* ist Englisch die Sprache, in welcher der Teufel,»old Iniquity«, seinen Bocksfuß zeigt. Aber auch auf den zartesten Gebilden von Goethes Lyrik ruht sich's nicht bequem, sooft in ihnen gerade der Ausgleich der Gefühle gesucht, der»süße Friede« beschworen wird, oder eben darum. Resignatio ist bei Goethe so wenig»eine schöne Gegend« wie für Gottfried Keller: Die Reise ins Paradies der Poesie führt kaum noch bildlich durch Wüsten, in denen man den Verstand verlieren und der Vernunft nicht trauen kann:»Wer nicht verzweifeln kann, muß nicht leben«. Damit Goethes Leser das gelobte Land erreiche, in dem Natur und Kunst keine Sprünge mehr tun, wird ihm selbst ein Sprung über den Abgrund historischer Erfahrungen zugemutet, mit dem er sich aber auch über seine politischen Hoffnungen, über den Glauben an die Verbesserungsfähigkeit menschlicher Systeme hinwegsetzen soll.

Das war eben der Sprung, bei dem meine Generation Goethe nicht folgen wollte und den sie ihm verübelt hat. Was für seine kritischen Zeitgenossen der kalte Hofmann, der zuverlässige Egoist, der zeremoniöse Fürstenknecht gewesen ist, das war für damalige APOstaten der grandseigneurale Op-

portunist, der hartnäckige Privatier und notorische Politik-
flüchtling, bei dem, wie wir meinten, nur für den Sonntag des
Bildungsbürgers, nicht aber für den Werktag der geschichtli-
chen Utopie gesorgt war. Trost bei Goethe? Vielen Dank,
denn wie nahrhaft war dieser Trost für die Verdammten dieser Erde? Sollten sie, nach dem Ratschlag Marie-Antoinettes,
Kuchen essen statt Brot? Wo blieb die Erinnerung, die sich
selbst der seraphische John Keats schuldig gewesen war:

> None can usurp this height [. . .]
> But those to whom the miseries of the world
> Are misery, and will not let them rest.

Bei Goethe lautet diese Erinnerung – an Luden gerichtet – :
»Sie werden alles gegen sich haben, was groß und vornehm in
der Welt ist; denn Sie werden die Hütten vertreten gegen die
Paläste und die Sachen der Schwachen führen gegen die Hand
der Starken [. . .] mit denselben ist nicht gut Kirschen essen.
[. . .] den Waffen derselben hat man nichts einzusetzen.« Und
die persönliche Moral daraus – oder die opportunistische
Konsequenz? – :

> Mir gefällt zu konversieren
> Mit Gescheiten, mit Tyrannen.

Man kommt in Teufels Küche, wenn man damit anfängt,
Goethes läßliches Verhältnis zur »Übermacht« zu entschuldi-
gen oder gegen große Dichtung aufzurechnen. Aber nicht
minder, wenn man den Mut hat, es zu bestreiten, wie der alt-
68er Ekkehart Krippendorff, der sich redlich bemüht, aus
Carl Augusts Duodezherrlichkeit Goethes reformistische
Musterprovinz, das »Projekt Weimar« zu schneidern. Ein engagierter Minister und Administrator ist Goethe wohl gewe-

sen – ein »engagierter Dichter« ist er darum immer weniger geworden. Wie er sein Amt verstand, berechtigte es ihn nicht nur, es verpflichtete ihn zu einer »unpolitischen« Position. Dieses »Projekt Goethe« war mehr als ausreichend für ein Menschenleben. Denn es schloß den Imperativ ein, das Exemplarische einer Individualität auszubilden und die Gesetzmäßigkeit und symbolische Ganzheit darin zu entdecken.

3

Diese Aufgabe hatte ihm, nach seinem Verständnis, die Natur gestellt, während die Geschichte nichts Besseres zu wissen schien als ihre Erfüllung zu hintertreiben. Jedenfalls die deutsche Geschichte. Sie zeigte die Akkumulation menschlicher Naturen gewissermaßen in chaotisch verwirrtem Zustand, der sich mit einem »oberen Leitenden« nicht vertrug und es kaum in den rohesten Formen erkennen ließ. An diesem Stoff war offenbar alle Liebesmüh verloren, und wer sie dennoch aufbrachte und die Unkosten der Herrschaft auf sich nahm, dem hielt Goethe viel zugute. Der erfuhr jenen Respekt, den wir soviel lieber den Beherrschten und Bedrückten zugewandt gesehen hätten. Im Fortschritt der Geschichte das Heil des Menschen zu suchen, war Goethes Sache nicht und wurde es im Alter immer weniger.

Weil die Erfahrung sein Vertrauen in die Zukunftsfähigkeit des Menschen fundamental erschüttert hatte? Daß der Mensch »wieder ruiniert« werden müsse, ist ein starkes Aperçu in dieser Richtung. Und doch suchte er die Gerechten, die er von seinem Grundpessimismus ausnahm und um derentwillen er seine Welt nicht umkommen ließ. Es waren, mit seinem Wort, »Naturen«, die sich, aller Widerstände ungeachtet, zur ehrfürchtigen Betrachtung der »guten Mutter« erhoben und nach ihrem »sanften Gesetz« sich selbst und andere bildeten, Ökologen jenes Geistes, den er »des Lebens Leben« nannte und die ihren Ursprung aus der Liebe nicht verleugneten. Goethe hörte auf, ein Feind der Geschichte zu sein, wo ihr trübes Medium die Farbe der Persönlichkeit annahm; denn in dieser sah er Gesetz, Folge, Entelechie am Werk. Wissenschaftsgeschichte, will sagen: die Historien und Viten, Lebensarbeiten und Idiosynkrasien der Forscher sammelte er mit der gleichen Ehrfurcht wie Kupferstiche, Steine und Pflanzen, und aus demselben Grund. Denn hier gab auch die menschliche Natur, hier gab *nur* sie ihre Fähigkeit zur Steigerung, zur »höheren Begattung«, zur Metamorphose zu erkennen. Hier verhandelte die Republik der Geister auf der Grundlage wahren Natur-Rechts und entwickelte ihren Gegenstand, die Zivilisation, über alle Zeiten und Räume hinweg, und an den politischen Spottgeburten aus Dreck und Feuer vorbei.

Hier, um die Begründer der erfrischenden Erkenntnis, wehte die geliebte »Patriarchenluft«. Im Paradies der erlaubten Neugier lauerte aber auch der Sündenfall der Orthodoxie, das Pfaffenwesen, das sich »zum Starren waffnet«. Albrecht Schöne hat die theologische Wurzel von Goethes Prophetenzorn auf die in seinen Augen angemaßte und gegen die Phänomene gewalttätige Autorität Newtons aufgedeckt. Hier zeigte sich Goethe als Protestant, hier war er der Fürstendiener nicht, als welcher er gescholten wurde. Denn hier sah er, von »berechtigten Männern« getragen, das Reich Gottes am Werk und die Heilsgeschichte des Menschen im Gange, die es gegen die Willkür von Geschichte und Politik in Schutz zu nehmen galt. Hier war der Bauplatz der dauerhaften Humanität, auf dem Poeten, Forscher, Ingenieure und Weise an einer Sprache arbeiteten, welche die Sprachverwirrung des babylonischen Turmbaus aufzuheben versprach. Hier zum Baumeister und, wie er glaubte, Gründer eines unumstößlichen Gebäudes geworden zu sein, nämlich der FARBENLEHRE, die das Zeug hatte, das »verkehrte Wesen« (Novalis) aus Sinnen und Seelen zu verscheuchen, rechnete er sich selbst zur höheren Ehre als jede andere Produktion.

Goethes Auge war nicht nur für seine Besucher das auf den ersten Blick dominierende Merkmal seiner Persönlichkeit. Das einzige Selbstporträt von seiner Hand zeigt dieses Auge emblemartig im Strahlenkreis einer sonnenhaften Welt – als ihr Zentrum, kein Pars pro toto, sondern schaffendes Organ für ein Ganzes, das seine Hilfsmittel, Mathematik und Philosophie, souverän abgedankt zu haben scheint: das Spektrum zur Brechung des Lichts, den Spiegel der Reflexion. Diesem Auge erscheinen die Dinge, wie sie sind – soll heißen: wie uns bestimmt ist, sie zu sehen. In ihm sind sie, wie sie uns erscheinen – oder: um es sowenig barock wie möglich, so phänomenal wie nötig zu sagen: wie sie uns einleuchten. Der Schein mag trügen, wo er will: in Goethes Natur trügt er nicht. Durch das Auge verbindet sich der Zusammenhang der Welt mit der Bildung unserer Individualität, diese ist das Einzelne, in dem uns das Allgemeine begegnet. Das Auge, als Königin der Sinne, verknüpft uns mit einer objektiven Welt, gibt das Goldmaß für die Richtigkeit ihrer Wahrnehmung ab und stellt unsere Zurechnungsfähigkeit in ihr her. Ist das Auge erst für die Natur geöffnet, so ist das, was es von ihr zu melden hat, unwiderleglich.

Was das Einzelne und das Ganze, das Allgemeine und das Besondere, Objekt und Subjekt zusammenhält, ist das zarte, doch unzerreißbare Netzwerk der Analogie. Es verleugnet seine Herkunft aus dem mittelalterlichen Denken nicht, aber es hat gewissermaßen den Gebrauch der Frömmigkeit ausgewachsen und in Goethes Produktion Eigenschaften entwickelt, mit denen sich den Fliehkräften der Säkularisation so intelligent wie sensibel entgegenwirken läßt. Man könnte es als »lernfähiges System« beschreiben, dessen Stoff die Erfahrungen eines ausgezeichneten Individuums sind. Sie lassen sich auf den ersten Blick nicht von ihm trennen, doch auf den zweiten erweisen sich seine Maximen als übertragbar, um nicht zu sagen ansteckend, gerade *weil* sie der Verallgemeinerung widerstehen.

Dafür gehorchen sie dem Zauber einer Analogie, die von der vorneuzeitlichen gewissermaßen nur noch Raffinement, Geist und Parfum übrigläßt und Goethes ureigene kulturstiftende Schöpfung ist. Die sinnliche Wahrheit des Scheins verbürgt ihre Haltbarkeit, aber der vielseitigste Geist – um nicht geradezu von »Witz« (der älteren Verdeutschung von »Esprit«) zu reden – sorgt für die Beweglichkeit der Verbindungen, die um so erfinderischer sein muß, je komplexer die Verhältnisse werden, in denen sie sich zu bewähren hat. Goethes Netz verknüpft den »berechtigen Mann« mit der geliebten Frau, und beide mit der »guten Mutter« und mit den Vätern des Glaubens, aber in jedem Beispielhaften läßt sie auch Raum für das Beispiellose. »Band« nennt sich jene geheimnisvolle Brüder- und Schwesternschaft, welche die »Wandernden« der *Wanderjahre* beiderseits des Atlantiks vereinigt. Aber auch ohne Namen verbindet es – im historischen Teil der *Farbenlehre* – die zu ihrer Erforschung Verbündeten, ebenso wie die Vorgänger auf ihrer »Hegire« zum *West-östlichen Divan*. Sie alle tun nicht dasselbe, und sind doch mit dem Gleichen beschäftigt; und wie der Roman sein Netz über die Räume auswirft, so die Wissenschaft durch die Zeiten. Was sie unter dem wechselnden, aber auch dauerhaft gestirnten Himmel im Innersten zusammenhält, ist die Ehrfurcht vor ihrem Gegenstand – das tätige Zeugnis ihrer Ehrfurcht vor sich selbst.

So lange die »Wanderer« in diesem Sinne tätig sind, finden sie sich überall unter ihresgleichen. Wo jene Ehrfurcht aber suspendiert ist – und wäre es unter Berufung auf die höchsten Ziele der Menschheit –, da sind sie am falschen Ort und in der Fremde, denn hier ist das Band zwischen den Menschen ebenso zerrissen wie ihre Verbindung zur Natur. Denn: was nicht auf jedem Schritt des Weges getätigt und geübt worden ist, wie soll es sich am Ziel einstellen? In den Köpfen der Menschen, nicht in ihren Sinnen, wittert Goethe Betrug, und den wohlgemeinten hat er am meisten fürchten gelernt, denn dieser ahnt nichts von sich selbst und ist daher unheilbar.

4

Ich hätte hier nur über Goethes Lyrik zu reden. Aber gibt es sie überhaupt, gerade bei ihm, als isolierbares Phänomen? Schon das Wort »Phänomen«, ein Goethesches Hauptwort, verbietet die Isolation, denn es verweist auf ein Wesen, das nicht wäre, wenn es nicht erschiene. Und von diesem Wesen läßt sich immer nur so viel sagen, als der »einzelne Fall« davon erscheinen läßt. Nur als Gestalt ist das Allgemeine wahr, und nur als Besonderes verweist sie wiederum auf den Zusammenhang ihrer Gesetzlichkeit. Dieser Bedeutungshintergrund kennt nichts Abstraktes, nichts ist bei Goethe weniger abstrakt als das, was er »Theorie« nennt: Denn was der Anschauung zugrunde liegen mag, ist nicht zu trennen von dem, was zur Anschauung drängt. Seine »Theorie« entspricht der griechischen »Physis«: Sie ist das, was *aufgeht*, an sich selbst und zugleich im offenen Sinn des Betrachters. Als Naturforscher läßt sich Goethe für dieses Zusammentreffen das kleine Wort »Aperçu« gefallen; in der Poesie erscheint es als »Wink« (»Das Wort ist ein Fächer!«).

Aber wie soll sich darauf eine gattungsspezifische Betrachtung gründen lassen? An Winken zur Poesie fehlt es in Goethes naturwissenschaftlichen Schriften sowenig wie umgekehrt im Gedicht an Verweisen auf die »Taten und Leiden des Lichts«. Der Schmetterling, zu dem der Deutsche nun einmal nicht werden will – jeder kann die unvergleichliche Stelle zitieren, wo er ja doch dazu wird, wenn ihm die »selige Sehnsucht« den Flammentod bereitet. Der »trübe Gast auf der dunklen Erde«, in der *Farbenlehre* wird er zur genauen Gestalt, zur steigerungsfähigen Person, die keine Verwandlung zu scheuen braucht. Sie wird, wenn sie die Goethesche Kardinaltugend Geduld übt und das Gift der Kurzschlüsse meidet, nicht aus dem Netz der Erscheinungen fallen. Die »Übermacht«, mit der die Gescheiten umgehen lernen müssen, um sie zu umgehen oder zu entwaffnen: sie ist ebenso ein Thema des *Divan* wie der »Lebenskontrovers«, welcher sich der Dichter in den Jahrzehnten seines Alters ausgesetzt sieht. Immer das Gleiche, nie das Selbe in hundert Namen zu entdekken: das ist Kern und Schale von Goethes selbsterklärtem Islam, das Obere Leitende seiner Naturforschungen, das Leben des Lebens seiner Lyrik.

Das klingt nach einem euphemistischen Universum. Aber im Sinn steckt schon der Gegensinn; das Wandelhafte ist nicht das Verläßliche. Daß die Huri nicht Suleika, daß Suleika nicht Marianne, daß Goethe nicht Hatem, daß die Gegenstände der Liebe kein ewiger Schatz, sondern ein Gegenstand des Tausches und der Täuschung sind: das ist die mit dem Verwandtschaftsglück gleichursprüngliche Quelle von Sorge, Leid und Vernichtung. Die Vieldeutigkeit des poetischen Reichtums beschränkt sich nicht auf das Moralische, in diesem aber macht sie sich als Ärgernis bemerkbar. Die vereinsamende Marianne von Willemer ist alles andere als eine artige Erinnerung, und der Dichter Gretchens hat, als er dazu in die Lage kam, die Todesstrafe von einer realen Schicksalsgenossin nicht abgewendet. Die Angst vor Erstarrung hat ihre schauderhafte Seite, wie die Hingabe an den Gang der Dinge ihre mörderische. Der Autor der *Wahlverwandtschaften* bedurfte keiner Belehrung über die Zweischneidigkeit der Naturkräfte. Diese ist selbst ein Phänomen, dessen gelassene Verehrung ein starkes Stück bleibt. Grundlos ist sie nicht gewesen, die gerechte oder heilige Empörung über die weimarische Dichtermajestät. Wo Goethe seine Natur salviert, findet auch der Skandal seine Nahrung, wenn er sie sucht; da sind Flucht, Zuflucht, Ausflucht nie ohne peinlichen Erdenrest zu unterscheiden.

5

Natürlich ist der alternde Mann, dem der Freiherr vom Stein den Kölner Dom beliebt machen wollte, auf der Flucht gewesen: von Weimar in die Mutterstadt, vor dem Krieg in eine Liebe, auch bereits *vor* dieser Liebe; auf der Flucht vor menschlicher Behaftung in die Poesie. Und fast gewohnheitsmäßig: auf der Flucht vor der Verzweiflung in die Tätigkeit, in den Schlaf, oder, wenn alle Stränge rissen, in die Krankheit. Der »Wanderer« hat zeitlebens etwas vom Ausreißer gehabt. Vor der Italienreise, die ihm sein Vater verschrieben hatte, ist er nach Weimar ausgebrochen, und aus Weimar, als Vaters Zeit erfüllt war, endlich in sein eigenes Italien. Nach dem Verlust des Mittelmeerhimmels ist er vor dem »graulichen Tag hinten im Norden« in die *Farbenlehre* geflohen, und vor den Katastrophen der Weltgeschichte in eine imaginäre Ursprungswelt, den Osten des *Divan*. Eisslers monumentale Psychoanalyse liest das ganze Leben Goethes als Flucht vor der Frau zur Schwester, danach zu der schwesterlichen Frau, die ihn zum Inzest einladen und zugleich vor ihm schützen kann – ein Riesen-Pensum erfinderischer Entsagung, bis zum späten Aus-der-Schule-Laufen in die warme Niederung der fraglosen Sinnlichkeit, des dienstwilligen Schoßes.

Dieser kunstreiche Flüchtling war von Haus aus sehr wenig zu der »Ruhe« geschaffen, jener »Quies in fuga«, die er sich im Gedicht versprach, und auch *vom* Gedicht: jener konzentrierten »Seligkeit« des Augenblicks, für die sein Faust selbst die Zuversicht des Christen hinzuwerfen bereit war. Und doch gilt Goethe mit allem Recht als lässig-zauberhafter Veranstalter reiner Weile und zwangloser Gegenwart in jedem lyrischen Wort. »Wo hast du das genommen? / Wie konnt es zu dir kommen?« Der Ausweg aus den expressiven Jugendlandschaften der Unrast und des »Sturm und Drang« führte durch jene »Geduld«, die Faust in aller Form verflucht und die sich, in »Tätigkeit« umgesetzt, doch als das rechte Mittel erweist, dem Teufel die verpfändete Seele wieder »wegzupaschen«. Denn die Wüste, in der sie von ihm versucht werden kann, ist das Werk ihrer eigenen Ungeduld, der »Sorge« vorn und hinten, welche die Vergangenheit nutzloser Reue ausliefert, die Zukunft trügerischer Erwartung, und über beides hat der

Teufel Gewalt. Die Sprache, die er am wenigsten versteht, ist diejenige voller Gegenwart.

Aber »Verweile doch! du bist so schön!« ist freilich nichts, was der Mensch zum Augenblick sagen kann und sollte – es gelänge ihm denn, ihn an eine Trägerschaft zu binden, die Gegenwart nicht mehr nur genießen, sondern sie erzeugen kann; die der Kunst abgewinnen lernt, was die Natur nicht mehr ungesucht liefert. Die Gnade der Jugend tut es nicht länger, oder nicht zuverlässig; auch zur Verjüngung bedarf es, wie im *Mann von funfzig Jahren*, einer kosmetischen Apparatur. Diesen Dienst übernimmt in Goethes Lebensgeschichte die Wissenschaft, immer im Vertrauen auf ihre zuverlässige Verwandtschaft mit der Kunst – beides sind Artes, aus der Natur geschöpft, der ihre Produkte auf einer höheren Stufe wiederum zugewandt sind. Und beiden liegt jene Ehrfurcht zugrunde, die für Goethe der Religion gleichwertig und, als Tätigkeit, dieser vorzuziehen ist (Wer weder Kunst noch Wissenschaft hat, »der habe Religion«).

6

Der Schlüssel zu dem geheimnisvollen Kästchen der *Wanderjahre* ging verloren – derjenige zum Innersten seiner Kunstwissenschaftsfrömmigkeit liegt gewissermaßen an jeder Stelle seines Werks, wenn man ihn aufzuheben weiß. Einen mir besonders passenden finde ich in der *Farbenlehre*, und zwar in jenen über das 1810 gedruckte Hauptwerk hinausweisenden ahnungsvollen Nachträgen, die von den Versuchen Seebecks – eines ihrer wenigen akademischen Jünger, darum auch wieder des Meisters Meister – inspiriert und »entoptische Farben« überschrieben sind. Hier, wo der

Schlußstein des Gotheschen Gewölbes sein müßte, öffnet es sich, wie im römischen Pantheon, der Unendlichkeit des Himmels. Hier findet die letzte »Steigerung« der Theorie – will sagen: der geistreichen, der beseelten Natur-Anschauung – ins Kunstmäßige statt. Zugleich ist diese Stelle die statisch prekärste. Denn sie überspannt – auch im gefährlichen Wortsinn – das Erfahrungsfundament des Heiligtums. Hier oben geht es mit Spiegeln zu – nicht nur mit einfachen, sondern gleich mit doppelten, drei- und vierfachen. Hier muß so viel Kunst eingesetzt werden, daß Goethe, der Hüter der unverstellten Anschauung, in empfindliche Nähe zu ihrem vorgeblichen Apostaten Newton gerät. Das ohnehin flüchtige physikalische Farbenphänomen muß sich in einem elaborierten Szenario gefangennehmen, verhören, verdoppeln, steigern lassen. Es muß nicht wenig leiden, das einige Licht, kaum weniger als der gebrochene, eingeklemmte Strahl in Newtons Spektrum, das ihn – nach Goethes böswilliger Etymologie – zum »Gespenst« entseelt.

Was nun unterscheidet Goethe-Seebecks erlaubte Geisterbeschwörung von Newtons verbotener?

Goethe stützt seine Schutzbehauptung auf drei Punkte.

Erstens: Auch bei bedecktem Himmel ist es gewissermaßen sonnenklar, daß der Apparat die Natur bloß unterstützt. Er provoziert das Phänomen, er entlarvt oder entblößt es nicht. Das Licht wird keiner peinlichen Inquisition unterworfen, sondern gleichsam in Freiheit dressiert, zum Tanz gebeten, zur geistvollen Mitteilung eingeladen. Wir haben es mit einem Scherz auf niemandes Kosten, aber zu jedermanns Unterhaltung und Belehrung zu tun – einem »sehr ernsten Scherz«, um Goethes Eigencharakteristik des *Faust* zu zitieren. Denn der Versuch, von Ehrfurcht eingegeben, vermag wieder solche zu erwecken – geneigte Betrachter vorausgesetzt.

Diese *soziale* Komponente des Versuchs ist der zweite Grund seiner Berechtigung. Das Licht wird nicht isoliert; ebensowenig seine Empfänger. Der entoptische Apparat stiftet zu geselliger Kultur an. Er ist ein Spielzeug für Leute, deren Auge erwachsen werden, ja, erwachen will. Er führt vom Pädagogischen zum Anagogischen, vom Effekt zur Erleuchtung. Aus dem Beziehungskunstwerk zwischen dem Licht und der Spiegelkunst, zwischen ihrem Abglanz und der Antwort im Auge des Betrachters entwickelt sich ein farbenfrohes Gesellschaftsspiel, dessen tiefere Bedeutung in den Spielern selbst liegt. Sie erfahren sich und einander als gesteigerte Naturgeschöpfe.

Drittens schließlich: Der entoptische Versuch erfindet und erkünstelt nichts. Er macht nur ein Phänomen sichtbar, in dem sich die Natur an ausgewählten Stellen auch ungezwungen gefällt. Das unterscheidet ihn in Goethes Augen kategorisch von der Newtonschen Spektralanalyse. Denn: Daß der Beweis für ihre Richtigkeit als Regenbogen am offenen Himmel selbst zu besichtigen sei, darf Goethe ja nicht gelten lassen. Da hat er – im Widerspruch zu seinen eigenen Grundregeln – das einfache Phänomen als kompliziert zusammengesetztes zu erklären versucht. Und als es sich für diese Erklärung nicht hergab, hat er es noch lieber mystifiziert als Newtons Physik gutgeschrieben.

Die entoptischen Farben aber, die nachträglich wundersam zugefallene Schlußpointe der *Farbenlehre*, wo Polarität in die ersehnte Steigerung überspringt und kein Ende derselben abzusehen ist – dieses geistvolle Phänomen soll der schlüssige Beweis sein, daß die Natur höchstpersönlich mit ihrem Licht ebenso zu spielen liebt wie Goethe mit seinem entoptischen Apparat.

7

Wir haben es also bei diesen Farben höheren Grades quasi mit einem körpereigenen Stoff, einer kongenialen Reproduktion zu tun: non nocet. Goethe macht nur sichtbar, was ihn die Große Mutter in ausgezeichneten Augenblicken aus freien Stücken sehen läßt: in Glimmerblättchen, Doppelspat und Fraueneis. Und: Hat sich nicht das tüchtige Handwerk des Naturspiels längst gewinnbringend bemächtigt – in der Damastweberei, beim gewässerten Seidenzeug und beim Modeln von Zinn? Die Bäumchenformen, welche die verdünnte Säure darauf hervortreten läßt – warum sollen sie den »Brüdern im stillen Busch, in Luft und Wasser« ganz unverwandt sein?

Da beginnt der im entoptischen Bad verjüngte Doktor Faustus wahrhaftig die »Elementa zu speculieren« – die Erfinderin Natur soll ihn nicht beschämen! Wirft der entoptische Zauber der verdoppelten Spiegel nicht ein neues Licht auf die »Chladnischen Klangfiguren«? Auf die »atmosphärischen Meteore«? Auf die (horribile dictu) Astrologie? Goethe ist Novalis' ahnungsvoller Enzyklopädie des Analogen, seiner Metaphorisierung der Wissenschaft zur Weisheit, aber er ist auch Schlegels »progressiver Universalpoesie« nirgends näher gewesen als in dieser nachträglichen Apotheose seiner *Farbenlehre*. Darin gleicht sie dem himmlischen Nachspiel von *Faust II*, in dem Gnade und Ironie eine so einzigartige Verbindung eingehen: sie ist zugleich ein Höhepunkt lyrischer Poesie. Des Spiels ist kein Ende – alles ist Spiel, dessen anschaulichen Inbegriff er endlich vor Augen hat. Als entoptische Farben ist das Genie der Natur ad oculos demonstrierbar und sucht im befähigten Auge »ein Gleiches.«

Hier ist er, der befestigte Augenblick, tragbar gemacht in einem kleinen Apparat, »höchst sauber und zierlich gearbeitet, von dem Glasschleifer Niggl in München und durch die Gunst des Herrn Professor Schweigger in meinen Besitz gekommen«. In diesem Zauberspiegel kann jeder Spaziergänger, recht angewiesen, zum Adepten werden, der jederzeit und überall sehen kann, was er weiß, und wissen, wenigstens ahnen, was er sieht. Mit diesem Instrument steht der Durchblick offen ins Mysterium der Verwandtschaft aller Kreaturen miteinander, mit sich selbst und ihrem obersten Autor und Urheber. Überall und jederzeit? Nein: »ohne einen völlig reinblauen Himmel bringen wir die Erscheinung nicht hervor.« Auf diese Bedingung werde ich zurückkommen müssen.

8

Auf einer Ebene, wo Goethe seine *Farbenlehre* gar nicht zu verteidigen gedachte, derjenigen des Zählens, Messens und Nachrechnens, mag sie »widerlegt« sein und bleiben. Unwiderlegbar dauert ihre Maxime der gesteigerten Polarität, der sinnöffnenden Analogie jedenfalls dort, wo sie jede Verteidigung erübrigt: in der Dichtung. Ut color poesis, ein meditatives, ein gesellschaftstiftendes Spiel, und immer noch, nach Wurzel und Potenz, ein Spiel der Natur mit der Natur, das sich des menschlichen Geistes, seines »Lebens Leben« bedient. »Am farbigen Abglanz haben wir das Leben« – aber in den Farben kommt die Natur nicht weniger zu sich als zu uns.

Das ist – bei ähnlicher Metaphorik – die entscheidende Differenz von Goethes Naturfrömmigkeit zu Schillers moralisch konstruierter Welt, die er im Gedicht »Würden« zeichnet:

Wie die Säule des Lichts auf des Baches Welle sich spiegelt,
Hell wie von eigener Glut flammt der vergoldete Saum,
Aber die Well entführet der Strom, durch die glänzende
                                                     Straße
Drängt eine andre sich schon, schnell wie die erste zu fliehn:
So beleuchtet der Würden Glanz den sterblichen Menschen,
Nicht er selbst, nur der Ort, den er durchwandelte, glänzt.

Bei Goethe existiert das höhere Sein nicht, gewissermaßen als Goldstandard, unabhängig vom fließenden Schein. Es verkörpert sein ganzes Geheimnis in diesem und müßte, von ihm getrennt, zur unsinnlichen, darum sinnlosen Instanz, zum sinnentleerten Schemen werden.

Dieses Zusammenhangs wird Goethe mit dem Fortschreiten seiner Lebensarbeit immer bewußter, aber auch gelassener mächtig. Und in keinem seiner Werke hat er zur *Farbenlehre* ein anschaulicheres poetisches Gegenstück geliefert als im *West-östlichen Divan*. Schon der Titel ist ein Muster von Polarität – durchaus kein Maskenspiel im Stil des 18. Jahrhunderts, sondern die kühne, ja, abenteuerliche Probe auf ein Exempel, das die Natur selbst statuiert hat und das in der *Farbenlehre* Epoche macht: die Entdeckung, daß das Entgegengesetzte ein unerschöpfliches Geheimnis verbirgt, dasjenige seiner Identität. »Bejahende, verneinende Eigenschaften bezeichnen das unbegreiflichste Wesen.« Damit verläßt Goethe endgültig den Diskurs, der seine Allianz mit Schiller begründet hat, und läßt den Versuch hinter sich, sich einem von Haus aus antithetischen Denken zu bequemen, in dem der

Friede, den der Geist mit der Natur macht, immer noch die Klausel seiner Oberherrlichkeit festhält, und wo der »naiv« genannte Partner gelegentlich die Gewalt zu spüren bekam, die sein Antipode sich antat, um Gnade vor Recht, Grazie vor Urteil ergehen zu lassen.

Schillers Geringschätzung des »Stoffes«, sein Herrschaftsanspruch über das Mütterliche, die im Begriff der »Materie« steckt, war Goethes Sache nicht. Er blieb auch als Dichter auf der Seite des Inkalkulablen und wußte, daß das Trübe als Grundlage des Farbenspiels, als Nährmilch des Lebendigen und damit als Biotop des Beispiellosen, nicht zu entbehren ist. Im *Divan* entrinnt Goethe vollends der Ungeduld der Alternativen und vertieft sich in die heilige Quelle der Polarität. Das Dämonische im Phänomenalen: hier schafft es sich Raum, weit wie der Horizont des Wüstenfahrers, zusammengehalten von nichts als einem gestirnten Himmel, dessen Ordnung nicht astronomisch, sondern poetisch ist. Hier will Polarität sagen, daß jeder Sinn »den Gegensinn erregt«, ohne daß Widersinn und Aberwitz daraus werden muß.

Diese Poetik der Vielfalt, eines duldsamen Islam, der Gott mit allen Namen seiner Schöpfung schmücken darf, wendet sich – an einigen Stellen explizit – gegen das Koordinatensystem des Christentums. Das Kreuz hat sich bereits im entoptischen Versuch als gewissermaßen biegsam, weil von Weiß zu Schwarz umkehrbar gezeigt, wie zum Beweis, daß auch das »Leiden des Lichts« gelassener und läßlicher verstanden werden darf als die Passion des Erlösers. Damit wird das gekreuzigte Menschenbild von seiner heilsgeschichtlichen Einmaligkeit befreit und in die Reihe des Analogen eingebunden. Diese Bindung allein verdient in Goethes Augen den Namen »Religion«.

Was hätte aus der Welt Fausts werden müssen, wäre sie nicht schon im Kern komplementär statt (wie das Volksbuch) schwarzweiß angelegt gewesen? Gut und Böse gehen immer mehr in jenem »sich selbst widersprechenden Wesen« auf, das er »unerforschlich«, aber auch »humoristisch« nennt. Dabei ist es nur eine Sache der Beleuchtung, ob man das Spiel, das dieses Wesen mit dem Menschen, aber auch *im* Menschen treibt, als bittersten existentiellen Ernst betrachtet. »Was fruchtbar ist, allein ist wahr« – und Goethe will nichts anderes mehr wahrhaben, als daß das Helle nur mit dem Dunkeln zusammen Farbe bekennt. Diese sei der Abglanz, an dem wir »das Leben haben«, die bunte Gegenwartszone am Rand der Ewigkeitsnacht. Und daraus, daß auch der Geist, als Steigerungsform des Lebens, den Erdentag als farbigen Schatten des Schöpfungsdunkels sehen kann, schöpft er seinerseits das ihm eigene Licht.

Auch das Widrige und Peinliche läßt sich gewissermaßen als defekte Polarisierung begreifen. Wird das Naturphänomen aus einem unpassenden Winkel betrachtet, verzerrt sich sein Bild, die entoptischen Kreuze verschwimmen und weichen der Konfusion. Um sie zu beheben, genügt es, den Blickpunkt richtigzustellen, damit sich die Gegenständlichkeit wieder in ihrem urphänomenalen Widerspruch zeige. Die »Zahmen Xenien«, die ihr Attribut so wenig verdienen, sind solche von Herzen schiefe und schräge Blicke auf Menschen und Sachen, die Goethe sich in seinem Unmut herausnimmt. Gerecht mag dieser sein, doch fruchtbar nicht, denn da er von seinem Gegenstand nur den Schatten produziert, bringt er ihn um die ihm eigene Plastik und disqualifiziert damit auch sich selbst als vollwertigen Spielpartner. Die polaren Verhältnisse sind zur Einseitigkeit entstellt; aber es ist nur eine Frage der wiedergekehrten Ruhe und Geduld, bis sie sich wieder ins Gleichgewicht zurückschaukeln.

9

So wird die fruchtbare Widerspruchsbeziehung zur Grundlage von Goethes Beziehungsfähigkeit und damit zum Träger eines in sich selbst dialogisch strukturierten Universums. Auf der Grundlage der Polarität, die sich Goethe im Phänomen der Farbe offenbart, entfaltet es sich naturgesetzlich und geistgetragen in die höhere Dimension der Steigerung ad infinitum und – wie der fromme Betrachter glauben möchte – ad integrum. In den Spiegeln, welche die entoptischen Farben erscheinen lassen, erblickt er zugleich die Bildungsmaxime seiner eigenen Produktion, in welcher er auch das bildende Prinzip der eigenen Persönlichkeit vermuten darf. Von Freiheit und Läßlichkeit hat sein Glaube jetzt nichts mehr zu fürchten, und ohne Blindheit kann er sowenig tätig sein wie ohne den Leitfaden des »Aperçus«. Wohl aber ist ihm ein Katalog der Todsünden gegenwärtig, welche das Bildungsspiel zuverlässig verderben: »Ungeduld, Vorschnelligkeit, Selbstzufriedenheit, Steifheit, Gedankenform, vorgefaßte Meinung, Bequemlichkeit, Leichtsinn, Veränderlichkeit.«

So vereint Goethes Kunst in allen ihren Betätigungsfeldern einen höheren Grad des Bewußtseins immer zwangloser mit einem freieren Vertrauen auf die Richtigkeit des Bewußtlosen. Spielend lernt seine Kunst das Gesetz erkennen, nach dem sie angetreten ist und ungestraft auch immer wieder abtreten darf. In der Alterslyrik wird seine Kunst immer mehr zur Betätigung ihrer eigenen zweiten Natur. Sie erscheint als das sinnliche Produkt verstärkter Reflexion. Daß diesem Begriff nichts Blasses, Abstraktes mehr anhaftet, dafür bürgt ein für allemal die *Farbenlehre*, und das Gedicht reproduziert, was das in der Farbe reflektierte »sonnenhafte« Auge gesehen hat, vor aller Augen.

10

Aber doch nicht für die Augen von jedermann. Der in Gegenwart und Zukunft verlängerte *Divan* schließt niemanden aus, aber es erkennen so wenige, was darauf gespielt wird, daß ihn der Markt selbst am zuverlässigsten vor Verbreitung bewahrt. Er nimmt nicht einmal Exklusivität wahr, sonst wäre sie bereits aufgehoben und des Marktens kein Ende (tatsächlich war die Originalausgabe des *Divan* noch hundert Jahre nach seinem Erscheinen im Buchhandel lieferbar). Aber auch wenn diese »Lieder« mit der Bestimmung daherkommen, sich »an den Busen meinem Volke« zu legen, so ist damit weniger das Volk der Deutschen als dasjenige der »berechtigten« Leser und Leserinnen gemeint. Es sind solche, die den *Divan* als Vergegenwärtigung eines Gelobten Landes verstehen können, weil sie die zweite Lesung der Naturgesetze absolviert haben und in der Kunst der Lebensrettung – der Lebensrettung durch die Kunst – kundig geworden sind.

Zu ihrer Erhaltung wurden diese lyrischen Wunder gewirkt. Sie dienen einem »Volk« als Manna in der Wüste, dem sie zugleich den Schlüssel dazu liefern, warum (mit Nietzsche zu reden) »die Wüste wächst«: weil sie der Abfall der Gelobten Länder ist, die der Geist des Fortschritts, das neue »Maschinenzeitalter« aus dem Boden stampft, während es sich in die Zukunft hineinfrißt. Nun kommt es wenigstens für eine »kleinste Schar« darauf an, selbst keine »Wüste zu bergen«.

Nietzsches »Wehe« kommt in Goethes Text allerdings nicht vor: Der Ton wäre ihm für eine Kriegslist, ein Tarnmanöver zu schrill. »Beherrsche diese Lüge / Betrogener betrüge.« Allen, die nicht erst durch den Schaden der Geschichte klug werden wollen, schlägt Goethe sein paradoxes Zelt auf: einen »künftigen« *Divan* für Gegenwartskünstler. Die gesteigerte Dichtung chiffriert eine Utopie, die sich in keine Ferne abschieben, keine Zukunft vertagen läßt, sondern unter allen Umständen Nähe unter ihren Teilhabern herstellt, freilich nicht allen, »nur den Weisen«. Das sind diejenigen, denen man keine Ungeduld und wohl auch keine Hoffnung mehr weismachen kann und muß, die sich an Grenzen, Nationen, Identitäten binden ließe. Das alles sind Figuren der Übereilung, denen der Dichter diejenigen seines westöstlichen Spiels entgegensetzt. Und seine Mitspieler werden sich von selbst als Freunde und Verwandte, als Zusammengehörige, als Stammesverband erkennen und nie mehr ganz versprengen lassen durch Raum und Zeit. Die gemeinschaftliche Morgenlandfahrt bleibt virtuell, während die europäischen Völker real genug zur kriegerischen Unterwerfung der Welt aufbrechen; und doch ist sie nicht bodenlos wie diese, denn sie hält an der naturgestützten Lebensverbindlichkeit des persönlichen Ethos fest.

Das buchmäßige Vorbild dieses ökologischen Lebensabenteuers ist die Wanderung des Volkes Israel in der Wüste, seine Organisation erinnert von ferne an die geheimnistuerische der Freimaurer. Aber Goethes Gedichte stiften keine neue Religion, sie stiften an zu einem neuen Blick – auch auf die Religion. Sie sind Beispiele, läßlich ausgestreut, einer geschwisterlichen Zivilisation, einer Ökumene von Lesergemeinden, die eine Mystifikation als Spielform des »Offenbaren Geheimnisses« zu erkennen wissen. Geoffenbart ist es, unveränderlich, durch die Natur, aber diese selbst ist zu fast jeder Veränderung begabt, ohne auch nur eine ihrer Regeln brechen zu müssen: dafür findet sie neue, unerwartete. Öffnen aber kann sich das Offenbare nur dem Geist, der ihm verwandt geworden ist.

Humanität: Sie ist kein so fester Wert, wie wir glauben (oder fürchten); bei Gesetzestafeln wird sie nie zum besten aufgehoben sein. Aber die Kunst, sie allein, kann dafür sorgen, daß sich Spielende als Menschen erkennen, und Menschen als Spielgeschwister.

11

Und hier trifft Goethe gewissermaßen einige Spiraldrehungen höher doch wieder mit dem Geist Schillers zusammen, der das Projekt einer »ästhetischen Erziehung des Menschen« schließlich auch nur »einigen wenigen auserlesenen Zirkeln« anvertraut und zugetraut hatte. Freilich ist Schillers Olympische Idylle im Herzen einer heroischen Landschaft eine andere Gegend als Goethes Re-signatio. Diese sei verzweifelt, aber nicht ernst, möchte man im Gefolge eines bekannten Witzwortes sagen, denn »wer nicht verzweifeln kann, muß nicht leben«. Goethes »Ausgewanderte« sind ebenso »zart« wie unverwüstlich. Sie erkennen einander an Winken und Zeichen als Verbündete einer Spielergemeinschaft »sehr ernster Scherze«, die sich, im Vertrauen auf das Offenbare ihres Geheimnisses, hie und da eine Geheimnistuerei gestattet, aber ins Durchschauen eingeübt ist. Denn das Göttliche dahinter ist kein philosophischer Imperativ, sondern das offene Auge; jenes Auge hinter dem »Fächer«, das durch den halb durchsichtigen Kunstgegenstand zur Kenntlichkeit entstellte Beziehungswunder, des Lebens Leben, die zum Geist gesteigerte Liebe. Wer sind Goethes »Wanderer«? Sozial und politisch definiert wollen sie nicht sein; sie sind in allen Ständen (die Natur machts's möglich) Diener eines »oberen Leitenden«, das ihnen nur ein Verbot auf ihren Weg mitgegeben hat: »zum Starren waffnen« dürfen sie sich nicht. Sie sind Künstler des Fließens, des Festhaltens im Gehenlassen, eine Kirche ohne Mauern, die um ihres Glaubens willen jeden Eckstein wie den des Petrus entbehren kann. Sie weiß ebenso auf das Flüchtige zu bauen wie ins Wasser zu schreiben. Es wird die Schrift ebenso zuverlässig verwischen, wie es sie wieder hervortreten läßt. Goethe hat vom Tao noch keinen Begriff gehabt, was gewiß kein Schade ist, denn ich sehe auf der westlichen Seite der Welt keinen schöpferischen Menschen, der diesen »Weg« zugleich selbstverständlicher und eigenwilliger praktiziert hätte; dafür wäre er jedem »Taoismus«, wäre er ihm denn als distinkte Lehre begegnet, um so zuverlässiger aus dem Wege gegangen. Wer das Tao kennt, spricht nicht davon; wer davon spricht, kennt es nicht. Für diese Grundbedingung seiner Natur wie seiner Kunst mußte ihm kein fernöstliches Licht aufgesteckt werden. Ich denke, er hätte es sich aber ebenso heiter gefallen lassen wie die euphemistische Verehrung der Anthroposophen, der gründlichsten aller Goetheaner.

Denn für das Lob seiner Weisheit hätte er längst einen jener Zwischentitel für angebracht gehalten, wie er sie in seinen eigenen Abhandlungen liebte: »Warnung«, »Einrede«, »Verwahrung«. Denn natürlich ist auch sehr wenig Solides an der Gemeinschaft seiner eigenen neuen Heiligen, den Geschwistern vom »Band«. Sie bleiben Spielformen seines viel getadelten »Egoism«, der Metapher verdächtig, und ihre Utopie ist auf ihre Art ebenso gestellt wie die entoptischen Versuche mit zwei, drei, vier Spiegeln, die Goethe selbst einer »Warnung« für bedürftig hielt. Genau besehen warnt er dabei auch vor sich selbst.

Oder was ist von einer Darstellung zu halten, »die auf vielfache Weise möglich wäre, sie aber gegenwärtig unternehme, wie sie mir gerade zum Sinne paßt; früher oder später wäre sie anders ausgefallen«? Der Verfasser, der die indiskrete, aber immerhin überprüfbare Erforschung von Ursachen durch die Erzählung von »Bedingungen« ersetzt, hat dabei, keineswegs verschämt oder gar schuldbewußt, seine persönlichen Bedingungen, seine lebensgeschichtliche Disposition unter die Maßstäbe seiner Wissenschaft erhoben – wenn sie bei so viel beweglicher Unschärfe noch diesen Namen verdient. Natürlich ist es viel eher eine Lehre vom Wißbaren und ein Glaubensbekenntnis zum Wissenswerten. Man darf es durchaus willkürlich finden; Sätze, die im modernen Zweifel des Subjekts an sich selbst ausgekocht wurden und ihn, wie diejenigen Newtons, überstanden und damit erst auch das Kriterium »Wissenschaftlichkeit« bestanden haben. Sie paßt zu Ottilies Notiz in den *Wahlverwandtschaften*: »Nur der Naturforscher ist verehrungswert, der uns das Fremdeste, Seltsamste, mit seiner Lokalität, mit aller Nachbarschaft, jedesmal in dem eigensten Elemente zu schildern und darzustellen weiß.« Zu ergänzen bleibt: Auch die Disposition des Forschers gehört zu dieser »Nachbarschaft«, damit zu seiner »Objektivität«. Die Bedingungen, die Goethe für seine Forschungen statuiert, sind diejenigen seiner Person, bis in ihre Idiosykrasien hinein. Und die Nachfolge, die er sich wünscht, ist diejenige von Adepten, Jüngern, die zu sehen fähig sind wie er und bereit zu sehen, was er gesehen haben will. »Wir haben zur Bedingung gemacht, daß der Himmel so blau sein müsse, als es in unsern Gegenden möglich ist«. Oder: »Viel ist hiervon gesagt, viel ist zu sagen; für unsere Zwecke sei das wenige hinreichend.« Das ist nicht der Konjunktiv der mathematischen Vorgabe, sondern der magistralen Verfügung. »Wenn man von vornherein nicht schon fundiert ist, so wird man schwerlich rückwärts zur wahren anschauenden Erkenntnis gelangen.«

»Der Versuch als Vermittler zwischen Objekt und Subjekt« – hier schreibt einer, der gelegentlich erlebt, daß der Versuch die vorausgesetzte Beziehung nicht bestätigt; dann um so schlimmer für den Versuch. Dann kann er als Versucher von der Hand gewiesen werden, dann werden die unfügsamen Apparate als Friedensstörer oder Spielverderber getadelt. Bekräftigen, steigern sie aber die Beziehungsmacht, das Liebesvermögen des Subjekts, so können sie gar nicht elaborat genug sein – siehe den vierfachen entoptischen Spiegel.

12

Doch was soll's, wenn das farbige Produkt schließlich zusammentrifft mit dem des »glücklich geborenen, geübten Malerauges«? Wenn dem Apparat ein Wunder wie dieses gelingt: »Das klarste Licht des Vollmonds erhellt die Atmosphäre zu wenig, um von dorther die nötige Beleuchtung erhalten zu können, läßt man es aber auf eine Glastafel fallen, von da auf den Apparat, so tut es Wirkung und hat genugsame Kraft, das Phänomen hervorzubringen.« Eine lyrische »Hervorbringung« hätte dem alten Goethe diesen Mondzauber müheloser und dauerhafter bereitet als sein Spiegelwerkzeug – aber diese »Einrede« verdürbe sein Spiel. Daß dem forschenden Betrachter ebenso gelingt, was nur dem lyrischen Genie möglich ist, deutet auf eine noch höhere Delikatesse der Natur. Das Subjekt und Objekt eingeborene Wunder der Übereinstimmung ist die Vertrauensbasis der göttlichen Schöpfung. »Man lasse sich nicht irre machen, wenn Analogie manchmal irre führt, wenn sie, als zu weit gesuchter willkürlicher Witz völlig in Rauch aufgeht. Verwerfen wir ferner nicht ein heiteres, humoristisches Spiel mit den Gegenständen, schickliche und unschickliche Annäherung, ja Verknüpfung des Entferntesten, womit man uns in Erstaunen setzen, durch Kontrast auf Kontrast zu überraschen trachtet.« Denn worauf allein kommt es an? Darauf, daß »das eigentliche Gesamtleben der Natur auch in der Wissenschaft nach und nach empfunden wird.«

Von dieser zentralen Stelle führen die Wege in viele Richtungen. Einer in den ökologischen Diskurs, der leider die Tatsachen noch kaum verändert hat; ein anderer in die romantische Naturphilosophie, zu Novalis und Schelling. Einer zu den Lebensreformen und alternativen Therapien von Homöopathie bis zu New Age; einer aber auch in die von der modernen Physik ausgelöste Grundlagenrevolution der Naturwissenschaften und zu ihrer kognitiven Bearbeitung in der Wissenschaftsphilosophie.

War Goethe ein Konstruktivist oder ein Dekonstruktivist? Der einzige Weg, auf dem ich hier ein paar Schritte weiterzugehen wage, führt zur Dichtung der Moderne.

13

Man könnte versucht sein, Goethes Dichtung als die eigentliche, wo nicht die einzige ernstzunehmende Praxis von Goethes Naturforschung zu betrachten und damit beide vom Beweis der Richtigkeit zu entlasten: die eine, die ihn nicht nötig hat, teilt der anderen etwas von ihrer Gnade mit. Für Goethe würde umgekehrt ein Schuh daraus: seine wissenschaftliche Lebensarbeit und Liebesmüh bestätigte und bekräftigte den Besitz, der ihm als Dichter vergleichsweise geschenkt zugefallen war. Seine *Farbenlehre* bewies, daß er im Verkehr mit Gegenständen »objektiv« mit dem gleichen Thema beschäftigt war, mit dem gleichen Sachverhalt zu schaffen habe wie bei den Erzeugnissen seiner Subjektivität; daß aber die Welt-Natur in ihrem Widerspruch, in ihrer polaren Verfaßtheit eins blieb für jeden, der bestrebt war, ihr als Ganzer gegenüberzutreten.

Dieser Beweis – eine Theodizee kraft »zarter Empirie« – war ihm teurer als das schönste Gedicht. Aber um ihn zu erbringen, bedurfte es – bedurfte er – immer mehr der Kunst: in der Physik der Gegenstände wie in der Organisation von Menschen; im Gebrauch der Sprache und – natürlich – im Aufbau eines Gedichts.

So haben wir es in fast jeder Hinsicht mit einem Paradox zu tun: beim Wachstum der Apparatur zur Herstellung von Unmittelbarkeit; bei der Artifikation von Methoden und Verfahren zur Entdeckung der »Nature profonde«; bei der Privatisierung der Gesellschaft zur Entwicklung einer kosmopolitischen Humanität.

Damit ist Goethe, der letzte Universalist unserer Literatur, zugleich der Türöffner ihrer Moderne. In seinem Begriff der

»Steigerung« verbirgt sich ein Paradigmawechsel, den er leugnen mußte, um ihn unbefangen genug zu praktizieren. Die Schutzbehauptung dafür lieferte ihm seine Naturwissenschaft, mit welcher er hinter seiner Zeit mehr als ein Jahrhundert zurück war – und vielleicht um ebensoviel voraus. »Polarität und Steigerung« waren zugleich Chiffren für eine Radikalisierung seiner poetischen Mittel, die er sich, bei natürlichem Licht betrachtet – und das war noch immer das Licht der Griechen –, weder hätte einfallen noch durchgehen lassen. Die orientalische Verkleidung aber bot ihm die Gelegenheit dazu, die historische Re-signation – und das Kunstwerk einer Liebe – die Freiheit dafür.

14

Diese Freiheit beginnt mit dem »Farbigwerden« all dessen, was für den klassizistischen Diskurs unschicklich, widrig, barbarisch, kurzum »Schatten« gewesen war. Nichts mehr von Edler Einfalt und Stiller Größe in der *Pandora*. In den *Wahlverwandtschaften* nimmt die Gute Mutter mit naturgesetzlicher Vollmacht Züge an, die »dämonisch« zu nennen fast ein Euphemismus wäre. Die Farbenlehre ermächtigt ihren Adepten zu immer weiteren Extravaganzen in Sachen Polarität und Steigerung.

Man betrachte zum Beispiel Goethes ehrfürchtige Behandlung des Blutrache-Gedichts unter dem Stichwort »Araber« in den »Noten und Abhandlungen« und versuche sich vorzustellen, was Goethe einem gewissen Kleist geraten hätte, wäre dieser mit solchem Zeug bei ihm vorbeigekommen. Aber nun ist es Goethe selbst, vom »Génie arabe« an die Hand genommen, der dem Widerwärtigen nicht nur das Beste, sondern geradezu die Quintessenz des Lyrischen abgewinnt. Beifällig stellt er fest, wie der arabische Lobsänger der Blutrache die Geistesgegenwart behält, mit Zeit und Raum, Ursache und Wirkung, mit der Folge von Ereignissen und der Logik der Gefühle so zu spielen, »daß die reine Prosa der Handlung durch Transposition der einzelnen Ereignisse poetisch wird«. So wird eine Blutlache zum entoptischen Spiegel der Einbildungskraft. Die Dekomposition konstituiert ein bedeutendes Gedicht. Das ist ein ganz neues und sehr modernes »Vergnügen an tragischen Gegenständen«. Oder an häßlichen. Im Kapitel »Allgemeines«, wo an einem Hundeaas auf einmal das Vollkommene sichtbar wird. Man muß nur, wie Jesus, den Blickpunkt einnehmen, es zu sehen,

> Die Zähne sind wie Perlen weiß
> Dies Wort macht den Umstehenden,
> Durchglühten Muscheln ähnlich, heiß.

So sehen Goethes Pfingstwunder aus, seine eigene Art von Heiden- und Binnenmission. Die Stumpfen müssen fühlen, was auf der Hand liegt, wenn sie schon nicht sehen und hören. Der selektive Blick ist zugleich der umfassende. Das Aas, Zeugnis des Zerfalls, wird zum Gottesbeweis. Das Gedicht aber erzeugt im Schatten die Farbe, die ketzerische Versöhnung im Herzen des ästhetisch Orthodoxen. Wie nahe sind wir bei Baudelaires »Charogne«! Die gesteigerte Natur, der Geist, die Kunst, heben das rettungslos Verlorene auf.

15

In »Chisers Quell« aber grünt auch Goethes Jugendwelt wieder auf. Wir meinen Herders Geist durch die »Noten und Abhandlungen« wehen zu fühlen, spüren aber: es ist mehr als nur ein Hauch Kunst daran – kein Zufall, daß Jean Paul, der »Tragelaph« der Korrespondenz mit Schiller (»herzlich geneigt, die Dinge außer sich zu sehen, nur nicht mit dem Organ, womit man sieht«), beiläufig zum Morgenlandfahrer ehrenhalber promoviert wird. Und die romantische Generation, statt krankgeschrieben, erhält ihre Rechte auf eine »progressive Universalpoesie« bekräftigt, zu der Goethe die Tür aufstößt – vielmehr: durch Hafis' Lippen verkünden läßt, daß sie längst weit offen ist.

So wird der Autor des *Wilhelm Meister* selbst zum Patriarchen einer avantgardistischen Jugend, der Poetik eines neuen Jahrhunderts. Denn: ist es zuviel gesagt, wenn wir in Goethes lyrischem Spätwerk die Saat der »absoluten« Poesie noch nicht aufgehen, aber keimen sehen? Die Re-signatio der Wörter, ihre Abwanderung aus der »Nachahmung« des *Signifié* beginnt hier – noch einmal in findiger, listiger, aber zunehmend lockerer Bindung an die Sache hinter dem Wort. Ihr spezifisches Gewicht ist noch fühlbar, aber der Abschied trägt es mit und macht es leichter. Der »künftige Divan« wird poetologisch auf einem andern Blatt stehen, in jenen Sternen, die Mallarmés *Cygne* zum Sternbild »Schwan« und dieses zum reinen Namen gefrieren lassen. Goethes Steigerung der Natur ins »Liebeviele« und geistvolle Artefakt – es sieht von heute betrachtet so aus wie eine große Flucht nach vorn, was sich Goethe als Flucht aus Wirren der Geschichte verschrieben hatte. Mit dem Rücken zur Zukunft tritt Benjamins Angelus Novus bekanntlich seinen Flug in sie an. Auf dem uns Heutigen zugekehrten Ende seiner Bahn meinen wir so viel zu erkennen: die Kunst ist nicht nur sich selbst, sondern auch ihrer Zeit immer da am nächsten gewesen, wo sie an ihr, auf ihrem Eigen-Sinn beharrend, am wenigsten *unmittelbar* teilzunehmen schien.

16

»Kunst um der Kunst willen« – der vermeintliche Elfenbeinturm ist eine Werkstatt, in der es keineswegs idyllisch zugeht. Konnte Goethe, der Symbolempfindliche, übersehen, mit wieviel Druck und Gewalt schon die Gewinnung seines entoptischen Grundstoffs verbunden war? Das Glas muß erhitzt und dann jäh abgekühlt werden, um die verlangten Eigenschaften anzunehmen. Das Objekt muß überdeutlich leiden, und seine Vertretung im Menschlichen wird es ebenso müssen, wenn es »bei dieser Behandlung nicht zerspringt«. Kein Kulturfortschritt des Individuums macht dieses Risiko zur Metapher; Hatem, der Liebende, weiß ein Lied davon zu singen, aber Goethe, der Künstler, beklagt weder ihn noch sich. Die »zarteste Sache von der Welt« verlangt die größte Härte bei ihrer Herstellung. Bis auf den heutigen Tag gilt für die literarische Profession Goethes ganzer Satz: »Was davon bei dieser Behandlung nicht zerspringt, ist nun fähig, entoptische Farben hervorzubringen.« Das »punktuelle Zünden von Welt«, wie Emil Staiger das Lyrische charakterisiert hat, entspringt in diesem Fall einer Stelle, wo die innere Undulation der erhitzten Materie in der Abkühlung erstarrt und das Glas mit genauer Not nicht geborsten ist.

Diese genaue Not produziert das gesteigerte Farbenspiel.

Von diesen Druckpunkten aus bilden sich die weißen und schwarzen Kreuze des Phänomens, das sich im Innern des Glases hermetisch ad infinitum wiederholt, »wenn es nicht zerspringt«. Beim Glas gilt das Gesetz auch dann noch. Und, natürlich, beim Gedicht, dem quasi-verglasten *disjectum membrum poetae*. Da gilt, »daß das kleinste Stück eines zerschlagenen magnetischen Eisensteins ebenso gut zwei Pole zeigt als das Ganze«.

17

»Um ein Fläschchen zu besitzen / Das den Ruch auf ewig hält« – es bedurfte einer Welt von Opfern dazu, den Augenblick tragbar, die Aura dauerhaft zu machen. Und es waren nicht nur die Opfer der andern. »Unser ganzes Kunststück besteht darin, daß wir unsere Existenz aufgeben, um zu existieren.« Goethe mußte seine Natur das Springen lehren, um am Glauben festzuhalten, die Natur tue keinen Sprung. Er mußte tief in sie eingreifen, um zu demonstrieren, sie dulde und verdiene als Mutter diesen Eingriff nicht. Er strapazierte sein analoges Denken bis auf den Punkt, wo der Widerspruch darin, auch der Selbstwiderspruch, zu greifen war. Die Natur hat allerhand Unnatur nötig, um recht zu erscheinen.

Diese Unnatur bewegt uns als Kunst. Daß die Kunst auch Natur sei und wieder Natur werden könne, war eine starke Behauptung, nur mit Humor, Ironie, Witz und List aufrechtzuerhalten. Und diese Grenzbegriffe des bald verzweifelten, bald spöttischen Ernstes sind denn auch die Schlüssel, die Goethe überall dort à *discretion* verstreute, wo er seinem »offenbaren Geheimnis« selbst nicht über den Weg traute. »Sie ist listig, aber zu gutem Ziele«, sagte er durch den Mund eines

Famulus, des Schweizer Theologen Tobler, der gemeinschaftlich geliebten Natur noch vor der Italienischen Reise nach, um pfiffig fortzufahren:»und am besten ists, ihre List nicht zu merken.« Als sie die ihr unterstellte Unschuld noch weiter verloren hatte, zupfte er sie dafür am Ohr, etwa wenn er unter ihre charakterlosen Geschöpfe ausgerechnet die Rosen zählte und sie»die Liederlichen zu nennen mich erkühnt.« Im Vertrauen darauf, daß die Natur, wie in allem, so auch im Spiel seine Meisterin sei und bleibe, hat er diese supponierte Maxime ihres Handelns auch gegen sein eigenes Versagen eingesetzt. Wollte eine Manifestation unter keinem Blickwinkel die geforderte Farbe bekennen, wollte sich ein Versuch nicht wie gewünscht»steigern« lassen und gab sein phänomenales Kreuz nicht her, weder schwarz noch weiß – das galt, bildlich gesprochen, für Kant, es galt auch für Schiller, und exemplarisch galt es natürlich für Newton, den großen Wirt, ohne den er seine Rechnung, eine Rechnung ohne Mathematik, um jeden Preis machen wollte – : dann zahlte er mit wahren Feuerwerken der Ironie und rabulistischen Findigkeit zugunsten seiner»Theorie« genannten Anschauung und redete sich ein, nichts schuldig geblieben zu sein. Denn zahlte die Natur, seine Lehrmeisterin, nicht mit gleicher Münze und blieb dabei doch die letzte Richterin über Maß und Wert? Wie ließ er es schon in jenem»Natur«-Aufsatz von 1783 gesagt sein:

»Sie ist die einzige Künstlerin: aus dem simpelsten Stoff zu den größten Kontrasten; ohne Schein der Anstrengung zu der größten Vollendung – zur genausten Bestimmtheit, immer mit etwas Weichem überzogen.« Und:»Sie spielt ein Schauspiel: ob sie es selbst sieht, wissen wir nicht, und doch spielt sies für uns, die wir in der Ecke stehen.«

Die Ecke – der Ort für büßende Lausbuben, und für ungeladene Gäste. »Wir leben mitten in ihr und sind ihr fremde.« Nein, Goethe hatte über die »Fremde des Lebens« keine Nachhilfe Schillers nötig. Nur daß diese Fremde ihn weder zur Abkehr berechtigte noch in vermeintlich höhere Sphären entließ. Sie blieb, was sie war: unüberwindliche Lockung und unbeugsame Verbindlichkeit; ein guter Grund, die eigene Werbung kunstvoller zu machen, sie auch über die vermeintlich natürlichen Grenzen hinauszutreiben: sich von ihr nicht lumpen zu lassen. Die Wohnstatt im Herzen der Widersprüche war unbequem, aber zumutbar. Am Ende galt: »Der Tod ist ihr Kunstgriff, viel Leben zu haben.«

18

Damals, so der Alte, habe er den Schlüssel zu diesen Widersprüchen noch nicht besessen, die Spielregeln von Polarität und Steigerung. Diese Regeln immer besser beherrschend wird er zum persönlichen Schluß kommen, daß es nicht damit getan sei, das Spiel zu beherrschen, sondern auf rechte Art hineinzukommen, wie Homunculus in die Klassische Walpurgisnacht. Der Augenblick, in dem sein Gefäß am Muschelwagen der Galathee zerschellt und er ins flüssige Element zurückkehrt, ist identisch mit dem Augenblick, wo sich drunten, im »Unbetretenen, [. . .] nicht zu Erbittenden«, die herrlichste Gestalt aus dem Dunkel der Mütter löst. Diesmal heißt sie Helena, und zu allem Gewünschten wird sie sich bewegen lassen – zur Dauer nicht.

Den zeugenden Augenblick festzuhalten, aus Pflicht zum Glück, da zu sein – dafür muß einer viel Kunst brauchen. Was mit Gewalt nicht getan ist, die Ironie leistet es spielend, denn in ihr verhalten wir uns schaffend gegen unsere eigene Quelle und bringen uns selbst immer wieder neu und verdoppelt daraus hervor, allem Untergang zum Trotz. Und dann auch ihm nicht mehr trotzend, »denn in ihm war eine Lust zu ertrinken, und in ihm war eine Lust nicht unterzugehn,« wie es in Brechts *Hauspostille* heißt. Diese doppelsinnige Lust steckt in jedem Geschöpf, durch sie wird es fruchtbar, und in ihr kann es getrost sterben und braucht auch im Tod das Leben nicht mehr zu fürchten.

Am Schluß der *Farbenlehre*, im entoptischen Kapitel, der nachgetragenen Hauptsache, steht ein ungeheurer Satz. Goethe hat ihn in die Sprache seines Jugendgottes Shakespeare gesetzt und in die Sprache von Gottes Gegenspieler, der sich im *Faust* selbst »old Iniquity« nennt. Und auch die Seligen Knaben jubeln – in gewiß nicht unkalkuliertem Doppelsinn – von einem »Englischen Unterpfand«, wenn sie Faust aus seinem »Puppenstand« in denjenigen opernhafter Errettung transferieren. Englisch war aber auch die Sprache des Erzgegenspielers, der seinen Schatten für die Inszenierung der *Farbenlehre* hergeben mußte.

Und dies ist, am 1. August 1820, ihr letztes Wort, das fast so gut über einem Kinderspielplatz stehen könnte wie über dem kommenden Jahrtausend:

»... andern, welche, mit unserer Verfahrungsart unzufrieden, eine Umstellung des Vorgetragenen wünschen, we impose the easiest of all tasks, that of undoing what has been done.«

Goethe in Ilmenau –
Mutmaßung über ein Verstummen

Am 24. Februar 1784 verkündete im Rathaus zu Ilmenau der zuständige Minister, seit zwei Wochen auch Kammerpräsident, das heißt: Finanzminister des (nehmt alles nur in allem) bitter armen Großherzogtums Sachsen-Weimar und Eisenach –, verkündete also der unlängst in den Adelsstand erhobene Johann Wolfgang von Goethe die bevorstehende Wiederbelebung des Bergbaus zu Ilmenau, der vor vier Jahrzehnten »ersoffenen« Kupfer-, Blei- und Silbergrube, die seit Mitte des 15. Jahrhunderts in Gang gewesen war. Er versicherte, daß die »Hindernisse«, die »sich gleichsam als ein neuer Berg auf unser edles Flöz häuften und, wenn ich so sagen darf, es in eine noch größere Tiefe druckten«, gehoben seien. Damit waren zuerst die Ansprüche gemeint, die verschiedenen adligen Landeigentümern hatten abgehandelt werden müssen, bevor auch nur ein Stich auf dem Territorium getan werden konnte. Dabei war dem Minister seine juristische Vorbildung zustatten gekommen, und nicht weniger sein diplomatisch einsetzbarer Charme; mit dem großen Dichternamen war es nicht getan.

Das Adelsdiplom berechtigte ihn immerhin dazu, nicht nur im Kabinett seines jungen Landesherrn zu sitzen, sondern auch an seiner förmlichen Tafel. Er hatte ihn jetzt auf große Missionen zu begleiten, wie im Frühling 1778, wo es einen Fürstenbund der kleineren Territorialherren Deutschlands zu befördern und gleichzeitig dem militärischen Genius Preußens zu huldigen galt, dem man aber nicht anheimfallen wollte. Dafür war Goethe als Jagdgenosse nicht mehr so oft gefragt wie noch im ersten Mai seines Aufenthalts, wo man in der Gegend von Ilmenau nicht nur Wälder und Mädchen unsicher gemacht, sondern nebenbei auch das darniederliegende Bergwerk besichtigt hatte. Beim zweiten, ernsthafteren Besuch im folgenden August, diesmal in Begleitung eines Experten, des Berghauptmanns von Trebra, beschloß man, es wieder zu aktivieren.

Aber erst acht Jahre später war es soweit: harte Lehrjahre des Genies im Dienst an einem Staatswesen, einem jungen Herrn und einer verheirateten Dame; eine Schule der Verantwortung, des Gefühls und der Entsagung, von der er sich immer wieder bei einer noch anspruchsvolleren Lehrmeisterin erholte: der Natur. Nach den alchemistischen Zauberlehrlings-Versuchen seiner Jugend hielt sie ihn jetzt dazu an, ihre Sprache solider zu buchstabieren. Darin wollte er es jetzt – bei den Steinen angefangen – bis zu einer Kunst bringen, die nicht nur erfreuen oder beliebt machen, sondern *nützen* sollte.

So stand der neue Schacht zu Ilmenau für einen Durchbruch in mehr als einem Sinn. Es galt, das Bergwerk aus dem Dornröschenschlaf zu wecken und in die Produktivität überzuführen. Diese sollte zugleich die mittelalterlichen Verhältnisse des Herzogtums, Armut, Ausbeutung und Subsistenzwirtschaft beenden und dafür sorgen, daß es nicht nur Gnaden zu verteilen, sondern auch Wohlstand zu schöpfen gab. In Ilmenau sah sich der Minister an seiner Quelle, ein wichtigeres Amt als das des obersten Bergwerkskommissars hatte er noch nicht gehabt. Aber im stillen erwartete er vom Gelingen des Vorhabens noch etwas mehr: die Approbation seiner Berufung nach Weimar, der von der Natur selbst gelieferte Beweis, daß der Auszug des Frankfurter Patriziersohns an einen ländlichen Duodezhof – also vergleichsweise in die Wüste – nicht nur gerechtfertigt, sondern gesegnet war. Weimar, wahrlich nicht das gelobte Land: ihn sollte es loben, nicht nur als Genie, sondern als Täter und Ernährer. Die Sprache biblischer Frömmigkeit schickt sich zu dem Geschäft, das der bekennende Dilettant mit Ilmenau auf sich genommen hatte. Denn es bedurfte ebenso des Gottvertrauens wie, nach der juridisch-diplomatischen Expertise, der geologischen, sozialen und nicht zuletzt: ökonomischen Kompetenz. Es handelte sich um eine Investition, für die ein Kapital von mindestens 20 000 Reichstalern beizubringen war: trotz günstig lautender Gutachten: Risikokapital, das man nicht nur mit menschenfreundlichen Appellen – der bitter nötigen Förderung einer armen Region –, sondern mit reellem *Shareholder Value* locken mußte. Dafür hatte auch die Organisation vertrauenswürdig, die Ausführung professionell, die Geschäftsführung durchsichtig zu sein. Man gedachte etwas über 1000 Anteilscheine à 20 Reichstaler auszugeben, sogenannte Kuxe, wovon die Hälfte, zur Finanzierung der ersten Arbeiten, sofort zahlbar war, der Rest in zwei Raten am Anfang und Abschluß des zweiten Jahres. Blieben sie allerdings aus, sollte auch das schon Angezahlte verfallen, »kaduk gehen«.

Angesichts drohender Verlust- und unsicherer Gewinnaussichten drängten sich die Zeichner – sogenannte Gewerken – nicht gerade. Doch werden von den 400, die bereits gezeichnet hatten, nicht ganz wenige, auch Ausländer, das heißt Nicht-Thüringer, im Ilmenauer Rathaus zur Stelle gewesen sein, als Goethe am 24. Februar seine Jungfernrede hielt. Die arbeitende Bevölkerung, die für das Werk nötig war, der es aber auch zugute kommen sollte, sammelte sich draußen in der Kälte und wartete darauf, den festlichen Zug zur Anstichstelle des geplanten neuen Johannisschachtes zu bilden. Wie ungemein viel Goethe an dieser Rede lag, zeigte er schon durch ihre Behandlung an. Nicht nur hatte er sie mit viel Bedacht komponiert und formuliert, er hatte sie den ihm nächsten Personen – wie dem Generalsuperintendenten Herder und der Stallmeisterin Frau von Stein – bereits zugehen lassen und auf die genaue Zeit aufmerksam gemacht, wann er sie halten würde. Er hatte den Text auch, wie es Staatsmänner bis heute tun, an seine Hörer verteilt. Der Zusatz »es gilt das gesprochene Wort« wäre nicht überflüssig gewesen, denn er hielt sie vollkommen frei, zum Zeichen, daß er nicht nur über ihren Buchstaben verfügte, sondern auch ihren Geist vollkommen zu vergegenwärtigen und mitzuteilen gedachte. Diese Rede hatte von Schöpfungswagnis zu leuchten, auch für den Redner selbst. Sie war – wie die Grube – Wiederholung *und* Neuheit, sie verkündigte gewissermaßen, was geschrieben stand, und berief sich auf die Tradition, um die Gegenwart zu beglaubigen und die Zukunft zu verbessern. Sie zieht alle Register der Rhetorik, um die Hörer des Worts zugleich zur Täterschaft zu begeistern. Sie sollen Hüter und Pfleger des zarten Fünkleins werden, das er aus dem Innern des Berges leuchten sieht: »Jede neue Anstalt ist wie ein Kind, dem man mit einer geringen Wohltat forthilft, für die ein Erwachsener nicht danken würde, und so wünsche ich, daß ein Jeder die unsrige ansehen möge.« Der Redner unterschlägt auch das Dringliche der Nothilfe nicht und bindet dem Gemeinsinn Reinlichkeit aufs Gewissen. »Gleich zu Anfange, jetzo, meine Herren, ist es Zeit dem Werke aufzuhelfen, es zu schützen, Hindernisse aus dem Weg zu räumen, Mißverständnisse aufzuklären, widrige Leidenschaften zu unterdrücken und dadurch zu dem gemeinen Besten mitzuwirken.«

Das ist die Tonart paulinischer Ermahnung – spricht man so zu einer Aktionärsversammlung? Was sich hier einst als materieller Gewinn zeigen mag, muß sich zuerst als moralischer sehen lassen. Goethe bindet den Nutzen an dessen soziale Verheißung, und wieder verwendet er dafür die Sprache berechtigten Elternstolzes:»Kommt dereinst der Bergbau in einen lebendigen Umtrieb, wird die Bewegung und Nahrung dadurch in diesen Gegenden stärker, erhebt sich die Stadt Ilmenau wieder zu ihrem alten Flor, so kann ein Jeder, er sei wer er wolle, er habe viel oder wenig getan, zu sich sagen: Auch ich bin nicht müßig geblieben, auch ich habe mich dieses Unternehmens, das nunmehr zu einer männlichen Stärke gereift ist, als es noch ein Kind war, liebreich angenommen, ich habe es nähren, schützen, erziehen helfen, und es wird nun zu meiner Freude auf die Nachkommenschaft dauern. Ja, möge uns diese Nachkommenschaft für das, was wir von heute an tun werden, segnen und die Unsrigen diesen Segen genießen!«

Kein deutscher Dichter außer Goethe war in der Lage, einem Gemeinwesen so seinen Stempel aufzudrücken, ein Großes Werk nicht nur zu schreiben, sondern zu tätigen. Und doch, gerade in Ilmenau, schöpft die Sprache öffentlicher Verbindlichkeit aus der Quelle persönlichster Bedürfnisse. Der Staatshaushalt wird zum sichtbaren Spiegel eines verborgenen Intimhaushalts. Die Grube ist der Kinderwunsch eines vaterlosen Junggesellen:»Sie wissen, wie simbolisch mein daseyn ist« – die er hier anspricht, darf es wissen, und also auch: wie»simbolisch« die Stelle sein muß, die sie bei diesem Menschen besetzt. Wer sie war, wissen wir: Charlotte von Stein.

Aber: was war sie ihm, was er ihr?»Wir können einander nichts seyn und sind einander zu viel« – wären sie einander »etwas« gewesen, wofür die populäre Vermutung handfeste Namen hat, wäre es dann nicht weniger gewesen, oder bald geworden?»Ob ich Sie auch wircklich liebe oder mich ihre Nähe nur wie die Gegenwart eines so reinen Glases freut darin sichs so gut bespiegeln lässt« – welcher andern Frau wagte ein Mann so viel Selbstmißtrauen auszudrücken als der vertrautesten? Aber womit bezahlte sie für so viel Vertrauen; war das Bekenntnis »wir waren einst Mann und Weib« geeignet, »den tiefen Unglauben Ihrer Seele an sich selbst« zu widerlegen, den der Mann an der Frau wahrzunehmen glaubte – der nicht liebende, der nur brüderliche Mann? Oder muß es heißen: der nicht nur liebende – der brüderliche?»O hätte meine Schwester einen Bruder [...], wie ich an dir eine Schwester habe – ich liebe dich, wie ich lieben kann« – ein Superlativ der Einschränkung. Wie aber, wenn Einschränkung gerade das Heil ist, das eine Seele sucht, die sich vor ihrer Grenzenlosigkeit fürchtet?»Sie lehren mein überall verschuldetes Herz haushältischer werden« – so spricht ein Mann, der kein Kind mehr sein will und Vater werden darf, aber mit dieser Frau: keines leiblichen Kindes; Vater von Waisen noch eher, wie Pestalozzi; so gut, oder besser, als ein Vater *ihres* Kindes, Fritzens von Stein, dem er den Vater ersetzen kann, aber der Mutter nicht den Ehemann.

Wozu immer er sie macht, und *damit* er Eins und Alles aus ihr mache: zur Mutter macht er sie nicht, zur leibhaften Geliebten – mit Folgen. Diese Stelle ist besetzt. Durch seine leibliche Mutter, Frau Aja? Er ist ihr alles – und weiß darum, warum er sich von ihr entfernt hat. Ihre Stelle muß frei werden für die Größte, die Unerschöpflichste aller Mütter. Ihr

Name fällt in der großen Rede vom 24. Februar nicht. Und doch: die Natur ist die verschwiegene Mutter des Kindes, von dem hier die Rede ist – des kommenden Bergwerks, der werdenden Grube. Er offeriert sie der Brüderschaft der Bergleute zur Adoption – sie sollen lernen, wie Väter an diesem Werk zu handeln. Eigentlich mit ihr zu zeugen, ihre Fruchtbarkeit für sich herauszufordern ist aber doch nur einer bestimmt und verpflichtet: er, der Redende.

Und auf einmal verstummt er.

Das Ereignis muß spektakulär gewesen sein, erst zum Erstaunen, dann zum Erschrecken. Mitten in seiner Rede verschlug es dem Minister die Sprache. Dabei sah es gar nicht so aus, als habe er den Faden verloren. Bei der Freiheit, mit der er gesprochen haben muß, wäre ihm gewiß auch ein Scherzwort bei der Hand gewesen, mit dem er diese Freiheit nur bekräftigt hätte. Statt dessen verharrte er im Schweigen. Ein Zeuge will ihn volle zwanzig Minuten schweigen gehört haben, und Eckermann, dem das Ereignis noch vier Jahrzehnte später buchenswert bleibt, kürzte es, der Glaubwürdigkeit zuliebe, eigenmächtig auf die Hälfte. Für uns, die schon bei zwanzig Sekunden Stille am Rundfunk eine technische Störung vermuten, wäre auch die halbe Ewigkeit von zehn Minuten so viel wie eine ganze: ein völliger Absturz aus dem sozial Erträglichen. Ein Notfall, der nach einem Retter, vielleicht schon nach einem Arzt schreit. Länger als eine Minute wird man auch eine Respektsperson, einen Chef, diesen Chef, nicht dermaßen hängen lassen.

Aber Goethe »hing« durchaus nicht. Von Verlegenheit seinerseits: keine Spur. Stumm, doch fest blickte er, nach den Zeugnissen, von einem zum andern, von Gesicht zu Gesicht. Selbst alles andere als abwesend, versicherte er sich noch einmal bei allen Zuhörern der höchsten, schon fast übermenschlichen Präsenz. Habt ihr verstanden? Faßt ihr auch, worum es hier geht? Nun kennen wir ja die Druckfassung der Rede. Vorausgesetzt, er sei von ihr damals nicht gänzlich abgewichen: was gäben wir für das Wissen, welche Stelle es denn gewesen sein mag, an der ihn dieses Schweigen überfiel. Vielleicht hier: »Nicht weit von dem Orte, den Sie [die Vorfahren] erwählten, an einem Punkte, der durch die Sorgfalt unsers Herrn Geschwornen [Voigt] bestimmt ist, denken wir heute einzuschlagen und unsern neuen Johannisschacht zu eröffnen.« Goethes Psychoanalytiker könnte sich hier besonders mühelos an die sexuelle Besetzung des »Johannes« erinnern, oder auch des Wortes »einschlagen«, das seine Zweideutigkeit auch noch für Leser des *West-östlichen Divan* bewahrt: »Wieder einen Finger schlägst du mir ein.« Oder stockte dem Sprecher der Atem gerade da, wo von einer »geringen Öffnung« die Rede ist, »die wir heute in die Oberfläche der Erde machen werden und nicht mit gleichgültigen Augen ansehen« sollen – »lassen Sie uns die ersten Hiebe der Keilhaue nicht als eine unbedeutende Zeremonie betrachten«.

Dem an Freud geschulten Ohr bedeutet sie schon mehr als genug, diese kaum verhüllte Einladung zur Entjungferung der Erde. Aber auch die Symbolik des Todestriebs käme auf ihre Rechnung: »Nunmehr aber, da wir jene ersoffne abgebaute Tiefen den Wassern und der Finsternis auf immer überlassen ...« Nur: das Schweigen an solchen Stellen spricht heute so laut, daß es uns trivial erscheint, während doch an der überlieferten Szene nichts auf eine kaschierungsbedürftige Fehlleistung deutet. Goethe legte vielmehr alles darauf an, sein Publikum über triviale Verlegenheit zu erheben – zur Ehrfurcht.

Sein gründlichster Psychoanalytiker, Eissler, hat sich für dieses Schweigen eine grandiose Deutung einfallen lassen. Was Goethe überwältigt habe, sei nichts Geringeres gewesen als die plötzliche Vision des *Faust*-Schlusses, die Lösung des Knotens mit der Teufelswette. Dies war er, der »Augenblick«, so lange gefürchtet wie ersehnt, zum ersten Mal genossen im Vorgefühl von solchem hohen Glück, »auf freiem Grund mit freiem Volke [zu] stehn«. Wie sollte sich diese Lesart von Goethes Schweigen nicht hören lassen! Sie bleibt unbeweisbar – wie meine Gegenvermutung, es könne kein literarisches Phantasma, nicht einmal ein Inspirationswunder gewesen sein, was Goethe so unverhofft schweigen und sich dabei der Teilnahme, ja der Mitwirkung der Anwesenden versichern ließ. Ich meine dem Engel, der so bis zum Stillstand schleppend durch den Rathaussaal gegangen sein muß, seine biblische Herkunft förmlich ansehen zu können – er zeigte noch die Spur des Kampfes mit jenem Erzvater, der ihn, der gelähmten Hüfte zum Trotz, nicht freigegeben hatte: »Ich lasse dich nicht, du segnest mich denn«. Oder der Atem stockte ihm vom verschwiegenen Wort eines andern Menschensohnes: »Könnt ihr denn nicht eine Stunde mit mir wachen?« Für diesen Augenblick, der mit Goethes Schweigen eingetreten war, hatte er seinen nicht anwesenden Geschwistern, Herder und Charlotte, wach zu sein geboten.

Wer Goethes Zeugnissprache aus diesen ersten Weimarer Jahren im Ohr hat, weiß, daß die Assoziation mit der Heiligen Schrift nicht blasphemisch ist, sondern familiär. Hier, in Ilmenau, steigerte sich die jugendliche Vorbildfigur Josephs, des ausgewanderten Bruders und Versorgers seiner Brüder, zum Doppelgänger des Gottessohns, der weiß, daß ihm die Stunde der Prüfung schlägt. In der Vaterreligion ist es diejenige der Kreuzigung; in der Mutterreligion – will sagen: dem erleuchteten Verkehr mit der Materie – ist es die »höhere Begattung«, der Tod als Übergang in die Metamorphose. Aber ein Experimentum crucis kennt auch der Alchemist; nach Transsubstantiation verlangt es auch die Natur; auch sie stiftet – wie bei Rousseau – eine Gemeinschaft von Jüngerinnen und Jüngern. Nur sie macht uns, nach dem Credo des 18. Jahrhunderts, zu Brüdern und Schwestern, zu gleichberechtigten Arbeitern am Großen Werk des irdischen Heils, »Salut commun« oder »Salut publique« genannt. Auch dieser Naturdienst verlangt seine Passion und fordert seine Märtyrer, teilt Sakramente aus, Anteilscheine am kommenden Reich des Menschenglücks. Und auch hier hat man um Segen zu bitten – eine ganz und gar irdische Gottheit, die zugleich die neue und die allerälteste ist.

Goethe mißtraute ihr als Revolution, er verehrte sie unter dem Namen Natur. In ihrem Zeichen, dem heiligsten und profansten, verstummte er nicht nur, er ahmte – wie in den »Wanderjahren« sein zum »Montan«, zum Bergmenschen gewordener Weltmann Jarno – ihr Schweigen nach. »Ich bin ein sehr irdischer Mensch« hatte er Lavater 1779 geschrieben, und Frau von Stein: »du hast außer den Steinen keine Nebenbuhlerinn«. Aber auch: »Der Mineralogische Theil ist wohl nicht für dich.« Um so mehr war es der mineralogische jetzt für ihn, denn er war seinesgleichen. Und nachdem er seinen Bergbrüdern väterlich zugesprochen hatte, offenbarte er sich ihnen steinförmig, teilte sich im Schweigen mit: »siehe, dies ist mein Leib« – und verpflichtete sie zugleich auf das Wunder, das ihn rechtfertigen und das Land salvieren sollte: aus diesen Steinen Brot zu machen. Es war eben das Wunder, das Jesus, der Vatersohn, dem Versucher versagt hatte. Der Muttersohn Goethe hoffte es zu wirken, mit Hilfe der Grube, zum Wohl der armen Teufel, seiner Brüder.

Noch standen sie draußen in der Kälte – aber auch wenn ihnen die Zähne klapperten, werden sie das lange, tiefe Schweigen drinnen nicht überhört haben, so wenig wie bei der Feldarbeit das Betzeitläuten. Wußten sie, daß dieses Schweigen des hohen Herrn auch ihnen nicht nur Arbeit verhieß, sondern eine frohe Botschaft verkündigte? Wie anders als durch tätige Brüderschaft aller Stände ließ sich die gefürchtete Revolution vermeiden? Goethe war unlängst Freimaurer geworden und hatte dabei wie nebenbei auch ein Meisterstück symbolischer Richtigstellung geliefert. Als Fürsprecher seiner Aufnahme in die Loge hatte er nämlich gerade den Mann gewonnen, der die Berufung Goethes mit seinem Abschied hatte quittieren wollen: den Freiherrn von Fritsch, als de facto Großwesir des Herzogtums eine gestrenge Vaterfigur, wie der leibliche Vater, den auch hier eine gnädige Mutter, die verwitwete Herzogin Amalia, zugunsten des »Hätschelhansen« hatte umstimmen können.

Aber auch wenn sich der Begnadigte inzwischen als Staatsdiener respektabel gemacht hatte: Wunder gewirkt hatte er noch nicht. Die großen Sprünge, die er in der deutschen Literatur getan hatte, machten das arme Land nicht satt. Hic Rhodus, hic salta! Es reichte nicht, daß er den Stein der Weisen mit schwesterlicher Hilfe in sich selber suchte: Es mußte sich damit auch Gold machen lassen.

So drückt sich die alchimistische Rede aus – und wo es bei Goethe um den Kern aller Dinge geht, ist sie niemals weit hergeholt. Hans Christoph Binswanger, der musische Ökonom, hat nicht nur den *Faust*, sondern auch seine eigene Wissenschaft, diesen Zwitter aus Vernunft und Glücksspiel, Sündenpraxis und Gottvertrauen, auf den älteren und ehrwürdigeren Nenner der alchemistischen Praktik gebracht. Was ihr Ziel ist, zeigt sich an den Wegen, auf die er die Sucher führt; der Stein der Weisen ist immer das, was sie sich aus ihm zu machen wissen und was er darum aus ihnen macht. Aus den alchemistischen Elementen setzen, nach C. G. Jung, auch wir uns das Puzzle unserer Individualität zusammen. Wir alphabetisieren uns zu einem Selbst, in dem wir uns wiedererkennen und das uns die Welt als einen sinnhaften Zusammenhang erkennen läßt.

DER Stein, DIE Stein – lassen Sie uns das Spiel mit diesen sinntragenden Materien aus Goethes Biographie noch etwas weitertreiben. »Ich gebe, seit ich mit Bergwercks Sachen zu thun habe, mit ganzer Seele in die Mineralogie« – *was* er gibt, läßt die elliptische Syntax offen; aber wir lesen es hier: »Jezt leb ich mit Leib und Seele in Stein und Bergen [...] Die Welt kriegt mir nun ein neu ungeheuer Ansehen.« »Der Versuch als Vermittler von Objekt und Subjekt« – was da versucht wird, und was gelingt, ist eine – verglichen mit der *Werther*-Zeit – besser begrenzte, darum auch größerer Offenheit fähige Persona Goethes. Auch die Gesellschaft dazu – gewissermaßen die Kernfamilie seiner eigenen Wahl – hat ein neues Gesicht. »Sie hat meine Mutter, Schwester und Geliebten nach und nach geerbt, und da hat sich ein Band geflochten, wie die Bande der Natur sind« – hier ist von der Stein die Rede, und der Adressat ist Lavater, den er damals noch als seinen großen Bruder behandelte. Zugleich fällt der wahre Name der einen und einzigen Mutter, die alle seine Beziehungen erben wird, weil sie allen zugrunde liegt und zugleich die Mutter der Beziehungsfähigkeit ist: der Natur.

1784 ist es sieben Jahre her, daß der damals 28jährige Minister, nach dem Tod seiner Schwester Cornelia, im tiefen Winter zu einer mysteriösen Reise aufgebrochen war. Zwar führte sie nicht weiter als bis in den Harz, zugleich aber auf eine Höhe – den Brocken, der im tiefen Schnee für unerreichbar galt – und in eine Tiefe, die er noch nicht kannte, in die Grube von Goslar. Mit jedem Schritt verband sich das wissenschaftliche oder technische Interesse mit einer persönlichen Mutprobe, einem Gang an die Grenze, ins Innere der Ur-Angst: hier folgte Goethe einem früher bewährten Rezept. Auf dem Münster von Straßburg war er seinem Höhenschwindel begegnet, beim Sezieren von Ratten überwand er die Berührungsangst mit dem Tod, gewiß auch beim brüderlichen Umgang mit Gebeinen – bis zur letzten Steigerung seiner Freiheit in der Yorick-Szene bei der Betrachtung von Schillers Schädel.

Zur Initiation ins Elementare gehörte auf der Harzreise auch das Fallenlassen der eigenen Identität. Der junge Minister reiste als Zeichner aus Gotha (wie einige Jahre später als Maler Miller nach Italien). Der allbekannte Dichter des *Werther* wurde zum Anonymus, zum Niemand, um dem Gefängnis der Rollen, der Zwangsjacke der Zuschreibungen zu entgehen und sich in der Grundsuppe zu restaurieren, der Prima materia der einfachen Leute. Von diesem Bad gestärkt, traute er sich die Heilung des unglücklichen Theologen Plessing in Wernigerode zu, der sich in seiner Depression an den berühmten Goethe gewandt hatte und sich jetzt von einem durchreisenden Unbekannten dessen Antwort auslegen ließ. So halten sich nicht nur Verschlagene, und auch nicht nur Götter, sondern auch Gottverlassene bedeckt. Kannte sich der fremde Bruder denn selbst, der sich dem kranken Bruder nicht zu erkennen geben wollte?

So viel jedenfalls wußte er: Zu der Identität, die er suchte, gehörte der Verzicht auf den raschen Griff, den grandiosen Wurf. Es war gerade das als natürlich Geltende nicht, was ihm die Natur zu seiner Selbstdisziplin abforderte und zum Studium ihrer eigenen Bildung. Dazu gehörte jene paradoxe Verbindung von Nähe und Entsagung, Zärtlichkeit und Verzicht, die sein Verhältnis zu den neuen Brüdern und Schwestern bestimmte. Entsagung: Goethes Lebensthema, das ihm in Frau von Stein als Fülle des Widerspruchs begegnete und als übersinnlich-sinnliches Kunstwerk behandelt sein wollte. Niemals hatte er sich einer Frau so nahe gefühlt wie derjenigen, mit der sich – zur Schonung dieser empfindlichen Ressource – der sexuelle Kurz-Schluß verbot.

Was er auf jener Harzreise im Winter 77 gesucht hatte, ohne es zu kennen, sollte sich »finden«, um nicht zu sagen: es *offenbarte* sich auf der vorgeblich unersteiglichen Höhe des Brocken in dreieiniger mineralischer Gestalt, derjenigen des Granits. Dieser Stein mochte ihm das Rätsel seiner eigenen Existenz sowenig lösen wie die Stein, und doch tat er mehr: er spiegelte es nicht nur, er stellte es dar; er beglaubigte es – aus dem Innersten der Erde. Granit ist aus Quarz, Feldspat und Glimmer zusammengesetzt, aber die Komposition hat die größte mögliche Festigkeit. Auf ihr müssen darum, nach Goethes Vision, alle wechselnden, leichter vergänglichen Formen gründen, es muß das Urgestein sein, das Fundament der Schöpfung. Daß das Unterste auf dem Brocken ins Oberste gekehrt erschien, ließ er auf sich beruhen, wie überhaupt zeitlebens die Frage nach dem Woher, Wohin und Wozu der Dinge. Kausalität oder Finalität hielt er für Ammenmärchen, bei denen die Phantasie zuviel, die Anschauung zuwenig Raum gewann. Das Tiefste kehrt im Höchsten wieder, dies war ihm genug und mehr als genug. Darin sah er nicht das Ärgernis des Widerspruchs, sondern das Ur-Phänomen der Polarität – und damit die Wachstumsbedingung für alle Bildungen der Natur. Ihr Woher und gar Wozu mag unserer Einbildungskraft spotten. Auch dies aber ist ein Zeichen der Natur, daß wir uns ganz und gar an ihr Wie halten sollen, denn gerade so zeigt sie sich unseren Sinnen und öffnet wiederum diese Sinne weiter. Denn die Naturgeschichte ist als Folge von Kausalitäten nicht zu fassen, sondern nur als eine Entwicklung – und Wandlung – einer ursprünglichen Form, von Goethe »Typus« genannt nach morphologischen Regeln.

Als Medium, als Lösungs- und Bindemittel dieses Verwandlungszaubers sah Goethe das Wasser; und »sah« ist hier durchaus visionär, prophetisch, symbolisch gemeint. Er sah das Wasser, anders als wir, auch bei der Bildung des Granits am Werk, die in seinen Augen der längsten Zeiträume, der größten Geduld bedurft hatte. Solche Eigenschaften allein vertrugen sich mit seinem Bildungsblick. Sich zu ballen traute er dem Wasser in der Natur nicht weniger zu als der poetischen Schöpfung. Es kam eben auf die »reine Hand« an, und was geschöpft ist, kann nicht anders als flüssig gewesen sein. Es bewahrt auch dem Blick das Fließen, wie dem Granit die Festigkeit der Gestalt: das ist der Doppelzauber der »beweglichen Ordnung«.

So wurde auf dem winterlichen Brocken der Granit *sein* Stein der Weisen, denn er war seinesgleichen, er spiegelte ihm seine eigenen Widersprüche als Entwicklungs- und Festigungschance zurück. Zugleich hatte er in der Natur nicht nur seinesgleichen, sondern den Schlüssel zu ihrer Vielfalt, ihrer morphologischen Potenz gefunden, mit dem sich, recht gebraucht, auch ihre andern bisher verschlossenen Türen öffnen ließen.

Hier stehen wir nicht am Anfang, aber am Ursprung von Goethes Naturwissenschaft, einer unerschöpflichen, alles Geschaffene durchwaltenden Beziehungskunst, die im Mütterlichen das Geschwisterliche, im Geschwisterlichen das Mütterliche findet, das zugleich mit Händen zu greifen und mit ehrfürchtigem Abstand zu betrachten ist.

Hier begegnete ihm aber auch ein Naturgesetz als kulturelle Ironie. Denn der Brocken ist ja nicht nur ein Hochaltar der Erkenntnis, er ist auch der Platz der Walpurgisnacht, des Hexensabbats und der Teufelsbegegnung. Hier leuchtete Goethe jenes Gesetz der Polarität ein, der natürlichen Mitgift auch der Zivilisation, das er freilich – besonders in der menschlichen Geschichte – immer dürftiger entwickelt gefunden hat, leichter zerstreu- und kompromittierbar als in der ursprünglichen Natur, bei der auch in der Grausamkeit regelmäßig ein Sinn zu finden ist.

Zum Zeichen, daß er auf dem Brocken recht gesehen hatte, bescherte ihm der Abstieg von diesem heiligen und verfluchten Ort ein Farbenspiel winterlichen Sonnenuntergangs, ein auratisches Ereignis erster Güte und damit den Vorgeschmack jener Farbenlehre, die er, nach der Begegnung mit Schiller, dem komplementären Genius, zum eigentlichen Glaubensbekenntnis und Glaubensstreit, zur Farben-Theologie erweitern sollte. So hatte er auf jener Harzreise die rechte Stelle gewittert, die sein Ort im Leben werden sollte, die verschwiegene Nähe der Mütter, die ihm nur durch die Entfernung von der leiblichen Mutter hatte entgegenkommen können; hier begegnete er dem »Gehalt«, der nun nach seiner gehörigen Form verlangte, die ihm heimlich eingeschrieben war. Diese würde sich dann in der entgegengesetzten Richtung, dem italienischen Süden, offenbaren, die er freilich von der Besetzung und Belastung durch Vorschriften des leiblichen Vaters hatte reinigen müssen. Die der Elternschaft für sich selbst zugeordnete Himmelsrichtung – alles an ihr ist »simbolisch«! – war weder Süden noch Norden, sondern Osten, und er hatte sie schon mit dem zunächst als Besuch verkleideten Umzug nach Weimar ahnungsvoll-ahnungslos eingeschlagen. Auf dem Brocken-Granit aber stand er vor jener Schwelle, die er auch auf dem Gotthard zweimal *nicht* überschritten hatte – es war kein gerader Weg, der ihn nach Rom führen sollte. Zuvor gab es in Weimar, dem lebenslänglichen Nebenschauplatz, vielleicht keine Wunder zu erleben, aber Wunder zu tätigen. Hier war ihm erst aufgegeben, eine eigene Familie nach höheren Gesetzen zu bilden, und auf dem Harz war ihm, in der Erscheinung des Granits, die Heilige Schrift dafür eröffnet worden. Dieser Satansberg war sein Sinai. Hier biß er auf Granit, als wäre es Nahrung, und er wußte, daß er ihn dazu verwandeln mußte.

Nach dieser Reise zu seinen Quellen schrieb er seinen durch Prosa knapp gebändigten Hymnus *Über den Granit*, das erste Kapitel seines Evangeliums, der zugleich das Fundament eines geplanten Romans über das Weltall hätte werden sollen. Es war der Verfassungstext einer Vita nuova. In Ilmenau aber mußte sich jetzt zeigen, ob aus den Steinen Brot werden konnte, ob das Verwandlungswunder des anonym Verreisten auch für eine bedürftige Bevölkerung, für das Volk der kleinen Brüder nahrhaft war; ob das Speisungswunder, für eine Einzelseele genug und übergenug, auch für ein Gemeinwesen reichte. In Ilmenau mußte es sich zeigen, hier oder nirgends sollte sich die Erde öffnen für den Reichtum der Zukunft, einer Zukunft für die andern und für alle.

Goethes Schweigen zu Ilmenau, das konzentrierte Schweigen vom 24. Februar 1784 – vielleicht hat es auch ein bestimmtes Schweigen *über* Ilmenau enthalten. Denn dies war ein empfindlicher oder – in Goethes religiös gefärbter Sprache: ein »unreiner« Ort, und beim touristischen Bewunderungsausruf »herrlich, herrlich« ist es nicht geblieben. Goethe hat Ilmenau und Umgebung, namentlich Stützerbach, zuerst als Jagdbegleiter seines jungen Landesherrn kennengelernt, der sich dabei selbst nicht sonderlich zu beherrschen gedachte. Sein Mentor Goethe hat das halbstarke Vergnügen auf freier Wildbahn in seinem *long poem* »Ilmenau« später zur pädagogischen Idylle stilisiert, in der die Kumpane als ältere Brüder den Schlaf des ihnen anvertrauten Göttersohns bewachen. In Wirklichkeit beschäftigte ihn auch in der Hofgesellschaft jene »unverbesserliche Verworrenheit« der Menschen, die er in »dem Wuste des Städgens« feststellte und vor der er, wie später auf den Brocken, auf den Kickelhahn, den höchsten Berg des Reviers geflohen war. Hier fand der »des Treibens Müde« über allen Gipfeln endlich Ruh; an dieser Verworrenheit begehrte er kein Teil mehr, und »es will mir«, schreibt er am 10. September 1780 über Stützerbach, »hier nicht wohl werden, in vorigen Zeiten hat man so manch leidiges hier ausgestanden«.

Die Bedürfnisse und Triebe, denen er in der Hofgesellschaft, hinter ihrem Dekorum versteckt, begegnete, waren unleugbar »natürlich«, aber mit der Natur, die er suchte, hatten sie nur das Gemeine gemein. Um der Natur recht zu begegnen, stellte er die Zeichen seiner Existenz in aller Stille um und war von der Übersetzung »Resignation« dabei nicht immer weit entfernt. Aber: er las sie als Entsagung, die ihm eine Junggesellen-Existenz abverlangten, wo andere genossen, zu genießen glaubten oder vorgaben.

Gerade Ilmenau hatte ihm diesen Genuß aber nicht nur im Blick auf die Ausbeutungs- und Verschwendungswirtschaft verdorben, welcher er als Minister – Antonio und Tasso in einer Person – zu steuern versuchte, sondern auch nach der entgegengesetzten Seite hin: derjenigen des sozialen Elends, das ihm gerade in Ilmenau begegnete und die Armen schuldig werden ließ, während er auch noch für ihre Bestrafung sorgen mußte. So geschehen ausgerechnet in Ilmenau – und der Seufzer kam ihm von Herzen: »Könnten wir nur auch bald den armen Maulwurfen von hier Beschäfftigung und Brod geben.« Seine Denkschriften an den Herzog, die ihm die Folgen seiner Sauhatzen für die Felder der hungernden Untertanen vorhalten oder gegen die Auslieferung junger Brotloser an preußische Werber vorstellig werden, vibrieren von unterdrücktem Zorn und wahren kaum noch das Dekorum der Ehrerbietung. Auch der Dichter – der er in den ersten Weimarer Jahren ja in erstaunlichem, fast fieberhaftem Grad geblieben ist, auch wenn er nur die Gebrauchskunstwerke wirklich fertig machen konnte – auch der Dichter fand die wunderbare Sprache seiner *Iphigenie*-Dialoge eher des Teufels als human, wenn sie ein Schweigen über die Strumpfwirker zu Apolda einschloß. Wo war Goethe, nicht der Patrizier, der Mensch und Mann hingekommen? Dahin, wohin ihn die Hofgesellschaft gewiß gnädig gelassen hätte, wollte er keineswegs fliehen: in die erotische Lizenz. Gerade als solche würde er ja auch seine Verbindung mit Christiane Vulpius weder verstehen noch behandeln, sondern als offengelegtes, durchaus anstößiges Bekenntnis und keineswegs kostenlose Verpflichtung. Seiner »natürlichen« Familie zu Ehren hat er sein Haus am Frauenplan vorübergehend aufgegeben.

Natürlich kommt einem – als exemplarischer Entwurf gegen jede wohlfeile Natürlichkeit des Gefühls – zuvor die Verbindung mit Frau von Stein in den Sinn, die nach einer ganz andern Seite anstößig gewesen sein muß. Denn auch sie war nicht, was sich jedermann dabei dachte; am allerwenigsten aber war sie gewahrtes Dekorum. Sie war die hohe, ja höchste Schule der Natur, wie Goethe sie verstand. »Ihre Liebe, und diese Felsen« lautete die Devise des Gefühls. Die Schwester war, ohne seine Frau zu werden, dennoch die Mutter gemeinsamer Kinder, eines so leibhaftigen Kindes wie Fritz, an dem Goethe sein Lehrstück brüderlicher Vaterschaft lieferte, wie später sein Wilhelm Meister an Felix. So sollte sie beschaffen sein, die Familie, die nicht von der Natur forciert, die ihre Söhne und Töchter sich gewählt hatten, nicht nach Trieben des Fleisches, sondern denen des gebildeten Herzens und der zärtlichen Seele. Auch an andern kleinen Brüdern und verlorenen Söhnen hat der Goethe der siebziger und achtziger Jahre Vaterschaft geübt. »Weit in Jahren vor«, wie sich der 31jährige selbst wähnte, scheint er mit leiblicher Nachkommenschaft kaum noch gerechnet zu haben. Mit der Frau, der Schwester seiner Seele, war ihm eine andere Form der Familienbildung aufgegeben, und das Eheversprechen dazu, das zugleich eines der Abstinenz sein mußte, war darum nicht minder zärtlich. Auch dieses Versprechen hat sich das Paar in der Nähe Ilmenaus abgelegt, in der Hermannsteinerhöhle, von der Goethe dem Bruder Herder zu melden hat: »Einen ganzen Tag ist mein Aug nicht aus dem ihrigen kommen« – ein intimeres Organ hat es in Goethes Dasein nicht gegeben. Und wie alle Liebenden, aber auch nach dem Vorbild Christi, hat Charlotte von Stein mit dem Finger darauf ein großes S wie Stein auf einen Stein in dieser Minnegrotte gezeichnet. Goethe ist bald darauf allein wiedergekommen, um das Zei-

chen mit Hammer und Meißel zu vertiefen. Und er hat noch
Jahre später seinem »Gold« berichtet, wie frisch es geblieben
sei und daß er nicht aufhören könne, es zu lesen.

Vom offenbaren Geheimnis dieser Liebe, vom Elend der armen »Maulwurfe« in Ilmenau, von der Verworrenheit des
Ortes und seiner eigenen – von all dem mag Goethe ebenso
geschwiegen haben wie vom Granit, dem Stein, in dem seine
Verworrenheit überwunden erschien. Daher das Zeichen, das
all diese Verheißungen einlösen, die Gültigkeit der Leistung
besiegeln sollte: dieses Zeichen setzte er erst am 24. 2. 84 in
Ilmenau. Hier wurde die symbolische Hochzeit real vollzo-
gen. Hier mußte ihm die Natur selbst, indem der Berg das erhoffte Erz hergab, Antwort geben auf die Frage, die er sich
selbst gewesen war. Hier mußte sich zeigen, ob der Sohn der
Natur auch rechtmäßig sei. Und das hieß: begabt und ge-
schickt, dem Land den Segen, um den er bat, selbst zu bringen. Produktiv im Hohen wie im Niedrigen, kurzum, im irdischen Sinne zu sein, indem er, wie der biblische Joseph, ein
fremdes Land ernähren konnte und am Ende alle seine Brüder damit.

Er konnte es, er tut es ja bis heute – aber freilich nicht als
Pionier eines erfolg- und ertragreichen Bergbaus in Ilmenau.
Auf diesem ruhte der beredt herausgeforderte, durch Schweigen vertiefte Segen nicht. An Goethe sollte es nicht liegen,
auch wenn er schon ein halbes Jahr später dem Herzog melden mußte, daß sich die »Impulsion, die man dem Wercke damals [im Februar] gab«, nicht vorgehalten habe. Das galt für
die Kapitalgeberseite, für das Werk selbst wollte er einstweilen zuversichtlich bleiben und es an der rechten Tätigkeit dafür nicht fehlen lassen.

Und doch besteht die Hauptarbeit immer mehr darin, nicht

nur einem Fehlschlag zu wehren, sondern sich einen solchen nicht einzugestehen. Das Problem war und blieb die »Gewältigung« des Wassers, auf das man – mit katastrophalen Folgen, eher und leider durchschlagender gestoßen war als auf das ersehnte eisenhaltige Erz. Erst 1792 reichten vier »Kunstgezeuge«, Pumpwerke also, aus, den Schacht trocken zu halten, und konnte die erste Tonne Schiefer gefördert werden. Aber bei der Probeschmelze zeigte sich, daß man sich über seine Ergiebigkeit getäuscht hatte und der Ertrag in keinem Verhältnis zum Aufwand stand. Im Jahr darauf ruhte die ganze Einrichtung erst einmal. Der Versuch, neue Örter zu gewinnen, das Schmelzwesen zu verbessern, sah immer mehr wie »ein böses Geschäft, diese Danaiden Familie zu kontrollieren« aus. Und am 3. März 1796 vollendete ein Stollenbruch das Mißgeschick der Grube. Damit sah Goethe »ein Werk, worauf so viel Zeit, Kraft und Geld verwendet wurde, in sich selbst erstickt und begraben«.

Danach war er jahrzehntelang nicht mehr nach Ilmenau zu bewegen. Aber im Grunde hatte er ihm schon 1786, mit der Flucht nach Italien, den Rücken gekehrt. Obwohl Voigt seine Stelle treuhänderisch einnahm, mußte Goethe wissen, daß ihn bei diesem Werk niemand vertreten konnte. Aber das Werk, das es an ihm getan hatte, und was es für ihn bedeutete, war damit nicht verfallen. In gewissem Sinn konnte es nun erst beginnen, auch wenn die erste Garnitur seiner Darsteller und Bundesgenossen von ihm abfiel. Vor allem die geliebte Schwester, die Bildnerin seines Herzens. Aber die Natur, wie er sie nun gefunden hatte, ersetzte ihm auch die neue Generation von Vätern und Müttern, Geschwistern und Geliebten. Sie gönnte den einmal gefundenen Maximen immer weitere Anwendung und offenbar unerschöpfliche Erweiterung auf

andere ihrer Mutterstoffe und gab ihm die Gesetze ihrer –
und damit auch seiner eigenen – Bildung zu ahnen. Auch die
Steine, auch der Granit, treten zurück unter den Gebäuden,
die auf ihm,»dem ältesten Sohn« der Erde, errichtet werden
konnten – und gaben einer Architektur des Lebens Raum, die
zugleich mit der Figur der Stufen und des Kreises beschrieben
werden konnte – als unendliche Entwicklung und als beharr-
liche Wiederkehr.

Anders als der späteren – mathematischen – Naturwissenschaft bereitete es derjenigen Goethes keinerlei Mühe, ein
Phänomen zugleich so und anders, allgemein und besonders,
geordnet und frei, regelhaft und zufällig zu sehen. Mühe
machte ihm vielmehr grade das Entweder-Oder, das System
des ausgeschlossenen Dritten, das er weder für natürlich noch
für menschlich – oder für zivilisiert – halten konnte. Daß es
das Dritte geben darf, daß es einer Verbindung erst die rechte
Festigkeit gibt, hatte das Christentum in seinem Gottesbegriff
wohl behaupten können; aber die christliche Zivilisation
wollte es auf Erden nicht zulassen. Darauf hatte Goethe im
Werther eine tragische, in seiner *Stella* eine optimistische –
und leider verboten utopische – Probe gemacht.

Erst der Granit bewies ihm das in der Natur Begründete
und also Berechtigte der gesuchten realen Dreieinigkeit. Die
Lektion des Brocken, daß der Mensch selbst jener Dritte sein
muß, der Himmel und Hölle als Einheit denken kann, blieb
ihm treu. Die Drei war die natürliche, nicht nur die zivilisierte
Steigerungsform der Polarität. Daß er wenigstens zu seinem
letzten Geburtstag auch nach Ilmenau zurückgekehrt ist,
scheint mir darauf zu deuten, daß er sich mit dem Untergang
der Grube zwar nicht versöhnt hat, aber als alter Mann auch
keiner Versöhnung mehr bedurfte. Denn was das Wasser

holt, das Wasser wird es wiederbringen, auch in ihm liegt die mythische Kraft der Erneuerung, von der es im *Faust* heißt: »Denn der Boden zeugt sie wieder, wie von je er sie gezeugt.« Untergang und Aufgang sind zwei Aspekte desselben Sonnen- und Lebenstags. Warum soll nicht auch der Gegensatz Leben/Tod ebenso auf Augentäuschung beruhen? Hier in Ilmenau feierte Goethe darum zum letzten Mal den Tag seiner Geburt. Und heute feiern wir ihn wieder, wenn auch ohne seine leibliche Gegenwart – nicht anders als er, zu eigenen Lebzeiten, die Leiblichkeit seiner Brüder und Schwestern entbehren und hinter sich zu lassen lernte.

Aber die Geschwisterlichkeit, die er gestiftet hat, bleibt in der Welt, solange sie der Aufenthalt von Menschen ist. Und wenn die Frage für ihn einmal gelautet haben mag, was er in Weimar denn solle, so lautet sie heute eher: was wäre Weimar ohne ihn? Viele von uns wären, ohne ihn, nicht, was sie immer noch zu werden hoffen: Menschen, die die Natur – und das heißt auch: ihre eigene – besser verstehen möchten. Auch verstehen – ohne Versöhnlichkeit –, warum nicht nur Buchenwald bei Weimar liegt, sondern auch Weimar bei Buchenwald. Lebenskunst scheint uns noch schwerer geworden als zu Goethes Zeiten. Aber wenn er mit seinem Spielgegner Schiller in einem Punkt ganz einig war: sie bleibt die höchste Kunst.

Ilmenau aber war und bleibt der Ort, wo Goethe die Kunst mit einer konkreten Technik und diese mit der reellen Erwartung verband, sie würde Menschen, eine ihm anvertraute Gesellschaft, freier machen. Auch diese Hoffnung ist unsterblich – der Gebrechlichkeit ihrer Erfüllung ungeachtet. Und wenn wir heute unter »Kunst« so etwas wie den abgehobenen Gipfel einer Zivilisation verstehen, so ist die Erinnerung um so mehr am Platze, daß sie eigentlich, wie der Granit, das Fundament unserer Existenz ist, und das Spiel, das dazugehört, kein Überfluß, sondern die Bedingung des Lebens. Und damit so verbindlich, wie wir nur sein können, oder – wenn wir mit dem Menschennamen denn noch eine Hoffnung verbinden – nur wir.

Goethe und die Sterne

»Nacht muß es sein, wo Friedlands Sterne strahlen« – wenn
dieser Satz im *Wallenstein* fällt, ist der Fall seines Sprechers
nicht mehr weit. Dem barocken Feldherrn, der andere und
sich selbst betrügt, wird kein Sinnspruch mehr helfen. Auch
die Glücksritterweisheit »In deiner Brust sind deines Schicksals Sterne« hat es noch weit zu Kants »moralischem Gesetz
in mir«, dem selbst der »bestirnte Himmel über mir« nur als
dürftiges Gleichnis dienen kann. Freiheit ist auch beim Kan-
tianer Schiller soviel wie Freiheit *von* der Natur; nur daß
seine Schönen Seelen Max und Thekla das, was beim Philo-
sophen reines Pflicht-Pensum sein soll, immerhin aus ihrer
Neigung schöpfen dürfen. Als Künstler schwört Schiller zu
seiner eigenen, andern Radikalität: An der »stoffartigen Wirkung« – gehe sie von einem astrologischen, einem sentimen-
talen oder einem physikalischen Sternenhimmel aus – soll
nichts gelegen sein. Alles steht und fällt mit der Behandlung
des Stoffes. Die größte Kunst aber wäre die, an welcher die
Natur mitgewirkt zu haben *scheint*.

Ich soll von Goethes Himmel reden, und ziehe zuvor denjenigen Schillers auf, um beider Sterne auf dem jeweils andern
Hintergrund besser leuchten zu lassen – leuchten von bei-
spielhafter Verschiedenheit. Was beim einen bestenfalls schöner Schein, ist beim andern das Zünden der Substanz – »das
Wesen, wär es, wenn es nicht erschiene?« heißt es in der *Natürlichen Tochter*. Die Sterne scheinen aus unüberwindlicher
Entfernung; das entkräftet ihren Anspruch auf Augenmerk
nicht. Nur überfordert er das sinnstiftende Vermögen der
Sinne. Der astronomische Abstand des Sternenhimmels ent-

fernt ihn sogar aus der Kategorie des Erhabenen. Er ist für
Goethe ein Verstoß gegen die Beziehungsfähigkeit, die auf
Analogie gegründete Verfassung der Natur. Obwohl nach
Schillers Begriffen ein »Realist« wie Wallenstein, verzichtet
Goethe darauf, das »ungeheure« Phänomen zu deuten. Er
schließt es – zugespitzt gesagt – von den Gegenständen *erlaubten* wissenschaftlichen Interesses aus, erhebt es aber zugleich zu einem Gegenstand frommer Scheu. »Der Mensch,
wie sehr ihn die Erde auch anzieht mit ihren tausend und
abertausend Erscheinungen, hebt doch den Blick forschend
und sehnend zum Himmel auf, der sich in unermeßnen Räumen über ihm wölbt, weil er es tief und klar in sich fühlt, daß
er ein Bürger jenes geistigen Reiches sei, woran wir den Glauben nicht abzulehnen noch aufzugeben vermögen.« (1818)
Der Ehrfurchts-Topos unterschlägt die Nuance der Diplo-
matie nicht ganz. Denn wenn der Sternenhimmel als unzu-
gängliche (goethescher gesprochen: als »unzulängliche«) Erscheinung in den Rang eines »Urphänomens« erhoben wird,
so hat er diesen mit unbehaglichen, »dämonisch« genannten
Wesen zu teilen. Unter Menschen gelangen Napoleon, freilich auch Schiller und Carl August zu diesem Rang; in der Geschichte die Französische Revolution; in der Natur der Vulkanismus – aber auch der Regenbogen, aus dem sich Goethe
lieber ein »offenbares Geheimnis« macht, als daß ihm Newtons verhaßtes Spektrum am Himmel leibhaft hätte begegnen
dürfen. Aus vergleichbaren Gründen will er auch den Sternenhimmel auf sich beruhen und gewissermaßen weit offen-
lassen. Was die Astronomen in seiner Tiefe entdecken, fällt
für ihn ins mathematisch-mechanische Fach. Daß die Bewegung der Himmelskörper exakt zu messen und zu berechnen
sein soll, erschreckt ihn als Beweis der Leblosigkeit des Welt-

raums – an ihm wird sich der Geozentriker Goethe keinen »Sternenstich« (Jean Paul) holen.

Eine Äußerung zu Eckermann 1827 erinnert an die Gaia-Theorie der modernen Lebenswissenschaft: »Ich denke mir die Erde mit ihrem Dunstkreise [...] als ein großes lebendiges Wesen, das im ewigen Ein- und Ausatmen begriffen ist.« Nicht ganz sicher bin ich, ob Goethe auch das »anthropische Prinzip« unterschrieben hätte, wonach die Existenz des Menschen nur gegen alle Gesetze evolutionärer Wahrscheinlichkeit vorstellbar und also doch in irgendeiner Form von Teleologie zu begründen sei. Zwar war Goethes Glauben an eine Entelechie der Geschöpfe noch durch keinen Darwin erschüttert (der Goethes Morphologie seinerseits viel verdankt). Wohl aber wäre ihm der Status »Krone der Schöpfung« zu exklusiv. Seine Naturforschung ist eben dadurch bemerkenswert, daß er den verschiedensten Naturen – wie Herder den Kulturen – eigenen Sinn und gleiches Recht zugesteht, auch den Steinen, den Wolken und dem Licht mit seinen »Taten und Leiden«. Was in uns »ein Organ aufschließt«, muß lebendig sein. Aber erst die Wahrnehmung, daß es aus eigenem Recht, nicht für unsern Gebrauch, existiert, begründet jene Freiheit der Beziehung zwischen Objekt und Subjekt, die Goethe für wissenschaftswürdig hält. Seine Wissenschaft ist ein Kontaktphänomen, das keine abstrakte Wahrheit, kein verallgemeinerbares Gesetz kennen will, sondern die Zuständigkeit der Sinne für die Wahrheit des Wahrgenommenen »statuiert«. Goethe war sicher, daß uns jede Erscheinung die Form – und auch die Methode – selbst anzeigt, in der sie erkannt sein will. Was nicht zu den Sinnen spricht, gibt damit zu verstehen, daß es auch nicht zur Erforschung bestimmt sei. Jeder Gegenstand hat sein Geheimnis und seine Würde. Er gibt seinem Forscher die Grenze vor, die nicht überschritten – oder mit einer »Maschine« überlistet – sein will.

Zu diesen Maschinen gehörten für Goethe bekanntlich ebenso die »Fernröhre« wie die Brille oder das Seziermesser – objektgewordene Verstöße gegen den Comment, mit denen sich der Forscher nicht nur indiskrete, sondern irreführende, weil unmaßstäbliche Einblicke verschafft. An den Sternen ist jede »zarte Empirie« verloren. Mag in unordentlichen Verhältnissen der Teufel sitzen, aus vollkommen gesetzmäßigen blickt uns der Tod entgegen. Kein Zufall also, daß Goethes astronomisches Opus, verglichen mit demjenigen anderer Abteilungen, marginal erscheint. »Ich habe mich [. . .] in den Naturwissenschaften ziemlich nach allen Seiten hin versucht; jedoch gingen meine Richtungen immer nur auf solche Gegenstände, die mich irdisch umgaben und die unmittelbar durch die Sinne wahrgenommen werden konnten; weshalb ich mich nie mit Astronomie beschäftiget habe, weil hiebei die Sinne nicht mehr ausreichen, sondern weil man hier schon zu Instrumenten, Berechnungen und Mechanik seine Zuflucht nehmen muß, die ein eigenes Leben erfordern und die nicht meine Sache waren« (1827).

Allerdings hat er sich zwölf Jahre zuvor im Gespräch mit Kanzler Friedrich von Müller noch scheinbar entgegengesetzt geäußert: »Die Astronomie [. . .] ist mir deswegen so wert, weil sie die einzige aller Wissenschaften ist, die auf allgemein anerkannten, unbestrittnen Basen ruht, mithin mit voller Sicherheit immer weiter durch die Unendlichkeit fortschreitet. Getrennt durch Länder und Meere teilen die Astronomen, diese geselligsten aller Einsiedler, sich ihre Elemente mit und können darauf wie auf Felsen fortbauen.«

Man mag bei diesem Widerspruch an das Aperçu seiner

Hersilie aus den *Wanderjahren* denken, wonach man wahre »Sätze alle umkehren kann und daß sie alsdann eben so wahr [...] sind«. Goethes Beziehungen zu Astronomen waren von Ambivalenz und diplomatisch verkleideter Beziehungsscheu geprägt – etwa gegen Bernhard August von Lindenau, den Fach- und Gewährsmann am benachbarten Hof Sachsen-Gotha, Nachfolger des berühmten Franz Xaver von Zach. Dieser mährische Vermessungsingenieur hatte seinem stern-sinnigen Herzog Ernst auf dem Seeberg nicht nur ein Obser-vatorium nach Herschels Muster eingerichtet, er war auch ein vortrefflicher PR-Stratege und bediente das in Mode ge-kommene Interesse an Kometen und neuen Planeten etwa in seiner Zeitschrift »Allgemeine Geographische Ephemeri-den«. Sie wurde in Weimar von Bertuch verlegt, den man heute einen Multimedia-Unternehmer nennen würde. Er be-saß das Ohr des Großherzogs und hatte in seiner Kunstblu-men-Manufaktur auch eine gewisse Christiane Vulpius be-schäftigt.

Carl August, an Astronomie ebenfalls lebhaft interessiert, nützte die Jahre napoleonischer Okkupation für einen Re-formschub und befahl auch den Aufbau einer landeseigenen Sternwarte. Der Auftrag gelangte an Goethe als Zuständigen für Museen und »andere wissenschaftliche Anstalten« des Großherzogtums. »Jene«, schreibt er dem herzoglichen Land-schaftsvizepräsidenten Müffling am 21. März 1812, »bezie-hen sich sämmtlich auf Naturgeschichte und Naturlehre und machen dadurch ein kleines Ganze, dessen innerer Gehalt der Commission nicht fremd ist, und dessen äußere Absicht nicht außer ihrem Wirkungskreis liegt. Die Sternwarte hingegen ist auf Mathematik gegründet. Damit stünden nicht die wissen-schaftlichen, weltbürgerlichen Zwecke im Vordergrund, sondern untergeordnete, practische ins Leben eingreifende Anstalten, wie Verfertigung des Calenders und [. . .] alles, was Zeit, Maß und Gewicht im höheren Sinne betrifft.« Die Abwehr ist unüberhörbar; das Projekt bleibt trotzdem an ihm hängen. Kaum aber hat er den Mathematikprofessor Carl Dietrich von Münchow als Direktor installiert, notiert er ins Tagebuch vom 28. April mit vernehmlicher Erleichterung:»Zu Herrn Münchow in den Garten. Übergabe desselben und der ganzen Anstalt.« Der Garten ist übrigens derjenige von Schillers Gartenhaus am Rande von Jena, wo dieser drei Sommer lang am *Wallenstein* gearbeitet hatte. Die»Anstalt« wird ein in der Meridianlinie angesetzter bescheidener Anbau, in dem der Astronom der Pflicht obliegt,»beständig genau Zeit zu halten«. Das ist wenig, aber Goethe findet»Ursache, nach der bisherigen Behandlung solcher Anstalten die Unkosten derselben für ungeheuer und die Bedürfnisse für unabsehlich zu halten«. Kein Wunder, daß von Münchow keine wissenschaftlichen Stricke zerreißt; jedenfalls bemerkt Lindenau im Juni 1813 gegen Bertuch:»Ein Professor Astronomiae sollte in zwei Jahren doch billig etwas in die Welt gesandt haben, allein bis jetzt ist er unfruchtbar gleich Abrahams Frau geblieben. Ich kenne Goethe sehr genau und intime, von ganzer Seele verachte ich diesen schlechten Kerl«, so von Zach in einem Brief, den Goethe schwerlich mitgelesen hat. (Daß er gerade diesen Verächter in den *Wanderjahren* zum Zeugen für Goethes Vorbehalt gegen die Astronomie machen sollte, entbehrt nicht der objektiven Ironie.) Doch auch der respektvolle Lindenau hielt – wie Gauß oder Lichtenberg – Goethes Wissenschaftsverständnis für begrenzt. Und recht verstanden, hätte er ihnen wohl nicht widersprochen. Für ihn waren beide, das wissenschaftliche Objekt wie das forschende Subjekt, durch ihre Grenzen konstituiert. Goethes Farben waren ein exemplarisches Grenzphänomen, denn sie entstanden durch die Berührung von Hell und Dunkel. Die *bewegliche* Grenze war die Sinneinheit, das Morphem der Natur, aus dem sie die Sprache ihrer Formen entwickelte. In gewissem Sinn war die Grenze das letzte Ding der Naturwissenschaft, denn die Natur selbst setzte sie dem Erkenntnisdrang im »Urphänomen«. Vor ihm galten nur noch Staunen und Schauder, Ehrfurcht und Diskretion: »ein Höheres kann es ihm (dem Forscher) nicht gewähren, und ein Weiteres soll er nicht dahinter suchen; hier ist die *Grenze*«. Diesseits dieser Grenze vermag Goethe der Astronomie als Liebhaberei durchaus etwas abzugewinnen. In seinen ersten Weimarer Jahren hat er im Gartenhaus an der Ilm Meridianmessungen angestellt und dafür am Haus des Hofbäckers Markierungen anbringen lassen. Er hat auch durch das Newtonsche Spiegelteleskop geblickt, das er 1800 seinem Freund Knebel um 400 Reichstaler für die herzogliche Bibliothek abgekauft und im eignen Haus aufgestellt hat, wo er Freunde – auch Schiller – zur Betrachtung von Himmelserscheinungen einlud. Schon nach der Rückkehr von der Schweizerreise 1779 suchte er mit seinem Herzog den Pfarrer Hahn in Kornwestheim auf, einen genialen Mechaniker, der »Weltmaschinen« konstruierte; Uhren, deren Gehwerk über drei Wellen ein Tellurium, ein Kopernikanisches System und, über allem, einen Himmelsglobus bewegte. Solche Triumphe der Exaktheit verstand der fromme Künstler immer als angewandte Theologie. Die Verbindung zum faustischen Mikrokosmos war noch nicht abgerissen und damit zur Astrologie, die Goethe in *Dichtung und Wahrheit* für das Horoskop der eignen Geburt halb ernsthaft in Anspruch nimmt. Als Hexenkunst –

oder aber: für die einfache Buchhaltung – waren Zahlen durchaus zu gebrauchen. Verließ man mit ihnen aber die Sphäre der Analogie, so kam man an kein Ende: Zahlen wissen von einer Grenze nichts. Wenn ein Begrenzter, also auch: Befristeter mit seinem Leben zu rechnen anfängt, holt er sich den Tod. Die mathematische Unendlichkeit zur Verwandtschaft umzuzeichnen (re-signieren), ist ein *Tour de Force*, den Goethe buchstäblich mit der eigenen Identität verknüpft hat, als er sich, in den Adelsstand erhoben, den Morgenstern ins Wappen setzte. Er ist zugleich das Zeichen der Venus im Auf- und Untergang, das Emblem der über den Tod hinaus wirksamen Hoffnung: ELPIS, das letzte der »Urworte. Orphisch«, welches das Rätsel der Absenz offenhält auf die Dimension der Gegenwart.

»Den Tod [. . .] statuiere ich nicht« ist einer der halsbrecherischen Sätze, die Goethe im Alter riskiert hat. Ebensowenig mochte er ein Universum »statuieren«, das auf abstrakte – also nicht mehr *bedeutende* – Zahlenverhältnisse reduziert war und ihn von der Teilhaftigkeit ausschloß. Subtile Rache an dieser Himmelsmechanik nahm er in den *Wanderjahren*, wo ausgerechnet der Astronom einen Aufsatz über »Mißbrauch« der Mathematik produzieren soll. Daß die Lektion unterbleibt, wird mit fingierter Rücksicht auf den Leser entschuldigt. Der Roman begnügt sich mit Wilhelm Meisters lapidarer Replik als »Resultat unseres heutigen Abends: Große Gedanken und ein reines Herz«. Sie sind Goethes adäquate Antworten auf das »Ungeheure«: »Für dergleichen Gegenstände hatte ich keine Sprache.«

Dafür nimmt er sich heraus, in einem Brief an Lindenau vom 20. 10. 1811 die Astronomie seinerseits als *Sprache* zu verstehen. Es schändet sie in seinen Augen durchaus nicht, daß er ihr keine objektive Dignität zubilligen kann, sondern sie an die Denkungsart, die persönliche Optik des wissenschaftlichen Subjekts bindet. »Derjenige, dessen Lebensgeschäft es ist, den geheimnisvollsten Kräften nachzuspüren, ihre Wirkungen im Besondern und Einzelnen auf das genauste zu beobachten, zu messen, zu berechnen und auf eine wunderwürdige Weise vorherzusagen, muß ja wohl das Recht haben, diesen Kräften solche Namen zu geben, die ihm am schicklichsten däuchten, und sich dieselben vorzustellen, wie es seiner Denkart am gemäßesten ist.«

Damit nimmt er unausgesprochen dasselbe Recht auch für sich selbst in Anspruch. Er wollte von seiner Natur so reden, wie es seiner »Atmosphäre« gemäß war. Ein in Goethes Sinn exakter Sprachgebrauch, denn diese »Atmosphäre« endet für ihn bei den Wolken, den äußersten Gestalten, in denen die Metamorphose, das Prinzip der Umgestaltung noch sinnfällig wirksam ist. Sie sind der Atem der Erde, an dem wir partizipieren – wie er wiederum für uns geschaffen ist. Auf diese delikate Spitze wagt er denn doch einmal das ganze Universum zu stellen: »Denn wozu dient alle der Aufwand von Sonnen und Planeten und Monden, von Sternen und Milchstraßen, von Kometen und Nebelflecken, von gewordenen und werdenden Welten, wenn sich nicht zuletzt ein glücklicher Mensch unbewußt seines Daseins erfreut?« So steht es 1805 in Goethes *Winckelmann*-Aufsatz – eine grandiose Behauptung Goethescher Verhältnismäßigkeit. Das »kosmologische Entsetzen« verkehrt sich in anthropologisches Hochgefühl. Oder straft ein gekränkter Narziß das Weltall dafür, daß es ihm nicht als Spiegel dienen will?

Doch war auch Goethe bewußt, daß sich die sinnliche Erfahrung der Natur nicht zum unerschütterlichen archimedischen Punkt hergibt. Sie ist, im entgegengesetzten Sinn, nicht weniger problematisch als das Vakuum des mathematisch geordneten Weltraums. Schon das – von Goethe inspirierte, wenn auch von seinem theologischen Schweizer Freund Tobler verfaßte – Fragment *Die Natur* von 1783 zeigt ein ebenso verhängnisvolles wie vertrauensvolles Verhältnis an:»Wir leben in ihr und sind ihr fremde. [. . .] Sie scheint alles auf Individualität angelegt zu haben und macht sich nichts aus den Individuen. Sie baut immer und zerstört immer und ihre Werkstätte ist unzugänglich.« Wäre Gottvertrauen durch Naturdienst vollumfänglich ablösbar gewesen, so hätte sich Faust nicht dem Teufel verschreiben müssen – nicht nur, um zu entdecken,»was die Welt im Innersten zusammenhält«, sondern auch, um das Einfachste zu lernen, das der gespaltenen Seele am schwersten fällt: den Genuß des Augenblicks. Es bedarf dämonischer Potenz, um den Dämonen im Kern der Natur recht zu begegnen; und ihrer Herr zu werden wird gar nicht gelingen. Daß es nicht zu gelingen *braucht*, ist eine sauer und – bis zur gnadenhaften Erhebung des Schlußbildes – nie restlos erworbene Weisheit des Dramas. Der verblendete Technokrat Faust wäre gar nicht mehr zu retten, billigte Goethe nicht der Tätigkeit – auch der blindesten – einen»Index der Erlösung« (Walter Benjamin) zu.»Im Anfang war die Tat«, am Ende bleibt»Tätigkeit«– der einzige Stoff, an dem Goethe der Gnade eine Bildungschance gibt. Denn durch Tätigkeit bilden wir uns selbst, ob wir wollen oder nicht und ob wir wissen, *wozu*, oder nicht. In ihr allein ist die Dämonie der Natur konstruktiv, als treibende morphologische Kraft, recht aufgehoben, und dafür ist auch das Teuflische an ihr nicht ganz zu entbehren. Aber zum guten Ende des *Faust* muß die Kunst die Natur retten: die Kunst als letzte Treuhänderin des

Sinnlichen, welche die Vieldeutigkeit, die Zweischneidigkeit der Natur »erlösen« kann.

Sie leistet auch ein Wunder poetischer Ironie dabei. Denn eben jenes »ewig Weibliche«, das »uns« im realen Weimar eingestandenermaßen notorisch »unglaublich herabzog«, wird hier zur Gegenbewegung umgepolt und »zieht uns hinan« – »Jungfrau, Mutter, Königin, / Göttin, bleibe gnädig!« Diese weibliche Gradation begegnet der faustischen Degradation und verkehrt die Höllenfahrt in ihr Gegenstück. Aber ist die abgründigste Zweideutigkeit nicht an jeder, auch der unschuldigsten Stelle des Dramas schon immer am Werk gewesen? Albrecht Schöne hat nachgewiesen, daß Jungfer Gretchen nicht nur als verführtes Opfer, sondern auch als exemplarische Hexe zu lesen ist – und insofern hat sie in der Walpurgisnacht ebenso ihren Platz wie in den Andachtsnischen der Gefühlskultur.

Es ist das Geheimnis der Steigerung, mit der sich das Lebendige aller Stufen aus den Konflikten der Polarität erhebt. Und dieser Steigerung können mineralische oder siderische Geschöpfe nur durch ihre Zerstörung zugeführt werden; so Homunculus, Wagners aus Harnstoff kristallisierte Künstliche Intelligenz. So aber auch die Ottilie der *Wahlverwandtschaften*, die eine wohlorganisierte Gesellschaft zu Tode polarisiert – mit Goethes schauderndem Einverständnis. Wie hätte Goethe wohl die Silikon-Kristalle betrachtet, die, unter sterilen Bedingungen hergestellt, eine Zivilisation der Null/Eins-Entscheidungen produzieren? Fände er im Begriff der »Informationsgesellschaft« noch etwas von jener »geprägten Form, die lebend sich entwickelt« – also jene bildenden Kräfte, denen eine fristgerechte Umgestaltung unserer Technosphäre zuzutrauen ist? Im *Faust* jedenfalls kann die Antwort auf die Wagnersche Selbstgratulation – »wie wir's dann zuletzt so herrlich weit gebracht« – nur ironisch lauten: »O ja, bis an die Sterne weit!«

Da haben wir sie wieder, die astronomische Referenz, und sie leitet uns vom *Faust* zu den *Wanderjahren*, von der Hexenküche in die Sternwarte zurück; vom Schaudern zum Staunen, und in gewissem Sinn: vom Teufel zum Tod. Denn: Erscheint die Natur im *Faust* als Prüfungsstoff eines maßlosen Subjekts, so gerät sie in den *Wanderjahren* in die Brechung neuartiger Objektive: technischer, aber auch sozialer »Maschinen«, die bisher unbekannte Phänomene produzieren. Für sie muß nicht nur das Individuum – es tritt zurück, in jedem Sinn –, sondern die Gesellschaft ganz neu gebildet werden. Der unbeschränkte Raum der Gestirne ist dabei nur noch der Spezialfall eines auch sonst entgrenzten Raumes. Da hilft das Sonnenhafte im Auge, der Schutzzauber des Analogen, nicht mehr weiter. Heißt das nun, daß sich das Auge seinerseits bewaffnen muß – mit Instrumenten, die das Maß des Maßlosen eine Spur zu unsern Gunsten verschieben, dafür aber auch das Augenmaß ver-rücken?

Auf die Mechanisierung des Handwerks zur Industrie versucht der Roman seine Figuren zu rüsten; das Abstraktwerden des Himmels bedarf stärkerer Gegenmittel. Wer schon Brillen nicht leiden konnte, mußte sich das Teleskop erst recht verbitten. Meister begnügt sich mit einem verschämten Blick durch das indiskrete Guckloch, nachdem er sich zuvor vor dem Phänomen Sternenhimmel »ergriffen und erstaunt« beide Augen zugehalten hat. Das ist kein unwillkürlicher Reflex, wie Fausts Abwendung vor der Sonne, sondern ein Ausdruck bewußter Aversion. Hier tröstet kein »farbiger Abglanz« mehr, an dem »wir das Leben haben«. Aber auch die

Flucht in die mikrokosmische Analogie –»sofort nun wende dich nach innen«– ist kein gangbarer Weg mehr. Der Roman erlaubt sich einen *Tour de Force*, welcher der wissenschaftlichen Vernunft spottet. Er bedient sich einer Mystifikation, eines Wunders, um die abweisenden Himmelskörper nicht nur zu integrieren, sondern in irdische Tätigkeit zu versetzen. Der Name für dieses Wunder ist Makarie, zu deutsch: die Selige. Dieser Zuschreibung getreu ruht sie in sich, aber der Grund dafür ist ein Defekt. Denn sie ist eine gelähmte alte Dame, bei welcher gleichsam die Räder des Rollstuhls die Kreisbahn der Planeten ersetzen. Und dennoch zählt sie gewissermaßen selbst zu diesen, ist »eins und doppelt«. Und es ist ausgerechnet ihr wissenschaftlicher Begleiter, der Astronom, der die seltsame Botschaft bestätigen und verkünden muß: daß den Bewegungen, die sie bei sich selbst wahrnimmt, exakt meßbare Daten am Firmament entsprechen. Sie bewegt sich auf einer Bahn, die »die Bahn des Jupiters überschritten habe, um sich dem Saturn zu nähern. Es bleibt zu hoffen, daß sie sich nicht ganz aus unserm Sonnensystem entfernen, sondern, wenn sie an die Grenze desselben gelangt ist, sich wieder zurücksehnen werde.« In irdische Verhältnissen wird man sich diese Sorge so übersetzen müssen, daß der physische Tod der alten Dame nicht mehr ferne ist. Ihre Verfassung erscheint der Umgebung als »Kopfweh«; das physiologische Analogon zum Horror vacui des Universums.

Das für den Roman Entscheidende aber bleibt die »Tätigkeit«, welcher die Behinderte korrespondierend, helfend, ratend obliegt, und die Tätigkeiten, zu denen sie die »Entsagenden« über alle Entfernungen hinweg anstiftet. Makarie leistet also, was das Firmament nicht mehr leisten kann. Sie wacht über irdische Verhältnisse und leitet sie ins Rechte. Sie verbindet die zerstreuten Glieder der neuen Gesellschaft miteinander und repräsentiert beispielhaft – und auch: spielerisch – das Obere Leitende des Romans. Ihr kommt für die *Wanderjahre* eine vergleichbare Stellung zu wie der Turmgesellschaft in den *Lehrjahren*, nur daß das Bildungswerk jetzt unter den Bedingungen der Wanderschaft, Emigration und Resignation stattfindet. Da es das Maschinenzeitalter »bis an die Sterne weit« bringen will, muß eine Sternenartige da sein, um die aus den Prämissen des Bildungsromans hinausgetretenen Figuren an die »Grenzen der Menschheit« zu binden. Makarie ist die Figur, die dem Tod – auch in Gestalt eines entgeisterten Weltraums – den Stachel ziehen soll. Goethe spricht einmal vom »relativen Tod« – womit er nur meinen kann, daß der Tod, den er nicht »statuieren«, »bepfählen« will, sich (so das *Natur*-Fragment 1783) als »Kunstgriff, viel Leben zu haben«, müsse brauchen lassen. Wo alles aufhört, muß die Tätigkeit erst recht beginnen, und der alte Goethe hat sich von ihr eine Lebens-Versicherung über das individuelle Ende hinaus versprochen: »Die Überzeugung unserer Fortdauer entspringt mir aus dem Begriff der Tätigkeit; denn wenn ich bis an mein Ende rastlos wirke, so ist die Natur verpflichtet, mir eine andere Form des Daseins anzuweisen, wenn die jetzige meinem Geist nicht ferner auszuhalten vermag.«

Wie das zugehen soll: auch davon hat der Roman ein Beispiel mit unauffälliger Beziehung auf die Gestirne zu melden. Bekanntlich verlangt in den *Wanderjahren* die fortschreitende Arbeitsteilung der Welt nicht nur die Mobilisierung, sondern auch die Spezialisierung des Personals. In Goethes Sprache: eine *einseitige* Ausbildung der Kräfte, eine Begrenzung auch in der Berufswahl. Da die Einheit des Ganzen verloren ist, muß das Stück-Werk um so mehr im Geist eines Ganzen behandelt werden. Wilhelm lernt das Metier des Wundarztes; das Besteck dazu hat bereits, unter den Augen der geliebten »Amazone«, sein eigenes Leben gerettet. Es verbindet sich aber auch mit der Erinnerung an einen ertrunkenen Jugendfreund, den er nicht hatte retten können. Der Arztberuf, meint Goethe, sei der einzige, in dem der Mensch sämtliche Wissenschaften müßte gebrauchen können – wäre er nicht eben durch den Notfall seinerseits aufs Nötigste eingeschränkt. Die ökonomische und industrielle Expansion, die zunehmende Zeit-Not bewirkt überall eine weitere Aufsplitterung der Talente, die Dislokation der Humanität. Das »Band«, das sie zusammenhalten kann, bedarf ganz neuer Künste, und die *Wanderjahre* wissen sie durch ihre Form – eine auf Deutsch bisher unerhörte Brechung der Erzählstruktur – noch intimer und radikaler zu beglaubigen als durch die Taten und Leiden ihrer Figuren.

Immerhin: Wilhelm kommt am Ende in den Fall, zu brauchen, was er gelernt hat. Es glückt ihm, einen jungen wilden Reiter, der ins Wasser gestürzt ist, wiederzubeleben – und erst *nach* dieser rettenden Tat erkennt er in ihm den eigenen Sohn Felix wieder. Aber erst *durch* die rettende Tat werden beide zu Brüdern, und so vereinigt steigert sie Goethe gemeinsam über jede natürliche Stufe hinaus: »Das Leben kehrte wieder; kaum hatte der liebevolle Wundarzt nur Zeit, die Binde zu befestigen, als der Jüngling sich schon mutvoll auf seine Füße stellte, Wilhelmen scharf ansah und rief: »Wenn ich leben soll, so sei es mit dir!« Mit diesen Worten fiel er dem erkennenden und erkannten Retter um den Hals und weinte bitterlich. So standen sie fest umschlungen, wie Castor und Pollux, Brüder, die sich auf dem Wechselwege vom Orkus zum Licht begegnen.«

Die »Brüder«, die sich auf dem »Wechselwege« zwischen Oben und Unten, Tod und Leben begegnen, werden in dieser Konstellation zugleich unter die Sterne versetzt. Hier aber, im scheinbar Grenzenlosen, zeugen sie für die in ihren Grenzen gerettete Figur. Als Individuen, die sich »unbewußt ihres Daseins erfreuen«, haben sie die Veranstaltung des astronomischen Universums gerechtfertigt. Ihre Konfiguration ist keine Gestalt der Mimesis, also der nachgeahmten Natur mehr, sondern ein Vor-Bild, einstweilen ohne Beispiel, in dem das Künftige voraus lebendig wirken darf. Hier wird die Maxime von Goethes Naturwissenschaft – oder soll man sie Naturkunst nennen? – anschaubar: »Was ist das Allgemeine? Der einzelne Fall.« Und die Ergänzung liest sich wie ein Vermächtnis an die Nachgeborenen: »Was ist das Besondere? Millionen Fälle.«

Castor und Pollux; Makarie; Jungfrau, Mutter, Königin – Göttin: Man darf sie als irdisch verortete Sternbilder lesen. So sehen die Beiträge Goethes zur Kosmologie – wenn auch nicht eben zur Astronomie – seiner Zeit aus. Und diese Sternbilder wären nicht die seinen, wenn sie nicht ihre eigenen Grenzen, die Bürgschaft ihrer Lebendigkeit mitführten: das Salz der Ironie, den liebevollen vieldeutigen Humor, den göttlichen oder auch mephistophelischen Schalk, der die geistige Sphäre nicht kompromittiert, sondern vertieft.

Dies aber sind Eigenschaften, welcher die Wissenschaft nach Goethe nicht weniger bedarf als die Kunst. Denn an solchen sich selbst relativierenden Grenzen hängt die Signatur des Lebendigen. Die sternische Identität Makariens ist zugleich ein Kopfweh, – da mag sie auch dem Leser welches bereiten. Felix' Rettung aus dem Wasser hätte sich erübrigt, wäre er, statt verwegen auszureiten, in der Pädagogischen

Provinz geblieben, wohin ihn sein Vater gesteckt hat, damit er die dreifache Ehrfurcht lerne. Auch auf sie fällt, ohne daß sie darum entkräftet würde, nachträglich die Gnade der Ironie. Felix wäre schon früher nicht zu retten gewesen, hätte er nicht seiner Unart gefrönt, aus der Flasche zu trinken statt aus dem Glas: In diesem »einzelnen Fall« war das Glas vergiftet, und so hat er das Rechte getan; nur verallgemeinern läßt es sich nicht.

Schon die *Lehrjahre* hat ihr Verfasser ein »inkalkulables Produkt« genannt und die Schlußredaktion dem unfehlbar richtenden Auge Schillers entzogen. Aber daß er recht daran getan hatte, wußte wiederum keiner so gut wie der Freund und Gegenspieler. »Dem Vortrefflichen gegenüber gibt es keine Freiheit als die Liebe.« Goethe hat den Satz nach Schillers Tod in den *Wahlverwandtschaften* zitiert, aber die »Freiheit« zum »Rettungsmittel« kleingeschrieben. Ottilie, die den Satz in ihr Tagebuch notiert, war nicht zu retten, als sie sich eingestand, »aus meiner Bahn geschritten« zu sein – ebenfalls ein Bild aus der siderischen Sphäre. Zwar hat sich Goethe ihren Tod heiligmäßig – und lästerlich – zu relativieren bemüht, doch hatte er über ihre Liebe das Zeichen des Untergangs verhängt: »Die Hoffnung fuhr wie ein Stern, der vom Himmel fällt, über ihre Häupter weg.« Bei Ottilie, der Beispiellosen, schien die Tätigkeit von Kunst und Natur zu enden – in Makarie wird sie wiederaufgenommen. Wenn *sie* »aus ihrer Bahn schreitet«, so öffnet sie den Himmel wieder – für die Wege der Hoffnung in einer sich wandelnden Zeit.

Am Schluß der redigierten zweiten Fassung der *Wanderjahre* von 1829 fanden die Leser, scheinbar zusammenhanglos, ein Gedicht, das nicht nur, weil in Terzinen verfaßt, in Goethes Werk einzig dasteht. Hier nimmt er, in Gestalt eines

Schädels, den leibhaftigen Tod in die Hand; ein Hamlet-Yo-rick-Zitat, das von der Hinfälligkeit des Lebens aber nichts wissen will. Im Gegenteil: Dieses Caput mortuum »erregt den Gegensinn« und steigert ihn zum höchsten Leben,

daß in des Raumes Moderkält' und Enge
Ich frei und wärmefühlend mich erquickte,
Als ob ein Lebensquell dem Tod entspränge.
Wie mich geheimnisvoll die Form entzückte!
Die gottgedachte Spur, die sich erhalten!
Ein Blick, der mich an jenes Meer entrückte,
Das flutend strömt gesteigerte Gestalten.

Es ist ein Memento vivere, dem gerade die erstarrte Form zum Beweisstück der Hoffnung dienen muß. Dieser Schädel zeugt für die Kunst des Lebens – muß man wissen, daß es *Schillers* Schädel war, den Goethe zwischen Beinhaus und Fürstengruft einige Tage zur Reinigung bei sich beherbergte? »Den Tod statuiere ich nicht«: das brauchte er hier endgültig nicht mehr. Denn: selbst tief bewegt, hielt er das feste Verspre-chen einer beweglichen Natur in der Hand. Weiß man aber, daß es Schillers Schädel war, so sieht man die Begegnung von Castor und Pollux am Ende des Romans noch einmal, als »wiederholte Spiegelung«. Hier begegnen sich »Brüder, auf dem Wechselwege vom Orkus zum Licht«, und werden das Gedächtnis der Nachgeborenen als Paar bewohnen.

Goethe konnte auch einmal nach den Sternen greifen, um sich aus einer irdischen Patsche zu helfen. So als er, 1811, nach der ungalanten Darstellung Doktor Riemers, eine Him-melserscheinung als Fliegenscheuche verwendete. Denn als ihm die immer noch hartnäckig als »Kind« auftretende 26jährige Bettine (inzwischen von Arnim), mit ihren Vertraulichkeiten zusetzte, kam er ihr »beständig dadurch in die Quere, daß er sie auf den Kometen, der damals wunderschön am Abendhimmel stehend in seiner völligen Größe und Pracht zu sehen war, aufmerksam machte und dazu ein Fernrohr nach dem andern herbeiholte und sich des Breitern über dieses Meteor erging. Da war nicht anzukommen!«

Was beweist, daß die ungeliebten »Fernröhre« für eine Eulenspiegelei gut sein konnten, wenn man sie an *beiden* Enden zu verwenden wußte – nicht nur zur Vergrößerung ohnehin übermenschlich großer Objekte, sondern auch zur nützlichen Verkürzung eines nicht weniger weitläufigen und allzumenschlichen Subjekts.

Anhang

Verwendete Abkürzungen

WA = *Goethes Werke*, hg. im Auftrag der Großherzogin Sophie von Sachsen, Weimar 1887-1919

Gespr. = Goethes Gespräche hg. v. Woldemar Freiherr von Biedermann, Leipzig 1889-1896

Herwig = Goethes Gespräche in vier (fünf) Bänden, hg. v. Wolfgang Herwig, Zürich 1965-1987

Eckermann = Johann Peter Eckermann: Gespräche mit Goethe in den letzten Jahren seines Lebens, München (Beck), 2. Aufl. 1984

Die Kommasetzung der Zitate wurde dem heutigen Gebrauch angeglichen, ebenso die Orthographie der literarischen und wissenschaftlichen Werke Goethes.

Anmerkungen

Vorwort mit einem Bild

10 *Nur der Naturforscher ist verehrungswert*: WA I, 20, S. 292 (Die Wahlverwandtschaften. Aus Ottiliens Tagebuche)
obere Leitende: vgl. WA I, 7, S. 76 (Noten und Abhandlungen zu besserem Verständnis des West-östlichen Divans)

Der Höhlenwolf

Erstdruck in: Muscheln und Blumen, Aargauer Kunsthaus. Ammann
Verlag, Zürich 2003

12 *Taten und Leiden*: WA II, 1, S. IX (Entwurf einer Farbenlehre)
15 *der Tod ist ihr Kunstgriff*: WA II, 1, S. 7 (Die Natur. Fragment)
vorn über 3 Mannshöhe: WA IV, 4, S. 82 (An Ch. von Stein [mit Seidels
Tagebuch], 14. Okt. 1779)
Halte das Messer zurück: WA I, 1, S. 289 (Amyntas)
16 *gegen das übergrosse ist und bleibt man*: WA IV, 4, S. 75 (An Ch. von
Stein, 9. Okt. 1779)
große Mutter: WA I, 36, S. 249 (Biographische Einzelheiten)

Goethe light – eine Rede

Vorgetragen in der Alten Oper Frankfurt am Main, 28. August 1999
Erstdruck (gekürzt) in: Neue Zürcher Zeitung, 24. August 2002, unter
dem Titel: »Die Herzensbildung an der Natur. Goethe als dilettanti-
scher Naturwissenschafter oder die Zuversicht der Sinnlichkeit«

20 *so herrlich weit gebracht*: WA I, 14, S. 35 (Faust I, V. 573)
21 *Du gleichst dem Geist, den du begreifst*: WA I, 14, S. 33 (Faust I,
V. 521 f.)
sonnenhaft: WA I, 3, S. 279 (Zahme Xenien)
22 *Wenn man [. . .] fragt, warum die Newtonsche*: Werner Heisenberg:
»Die Einheit der Natur bei Alexander von Humboldt und in der
Gegenwart«, in: W. H. : Gesammelte Werke, Bd. C III, München / Zürich (Piper) 1985, S. 346
23 *deutsch*: vgl. WA I, 22, S. 128 (Wilhelm Meisters Lehrjahre)

O ja, bis an die Sterne weit: WA I, 14, S. 35 (Faust I, V. 574)

im besten Sinn entstehn: WA I, 15/1, S. 146 (Faust II, V. 7831)

25 *Jedes ausgesprochene Wort erregt den Gegensinn*: WA I, 20, S. 240 (Die Wahlverwandtschaften. Aus Ottiliens Tagebuche)

27 *zarter Empirie*: vgl. WA I, 11, S. 128 (Über Naturwissenschaft im Allgemeinen, einzelne Betrachtungen und Aphorismen)

Was ist das Allgemeine?: WA I, 11, S. 127 (Über Naturwissenschaft im Allgemeinen, einzelne Betrachtungen und Aphorismen)

28 *ein scheinbares Einpfählen*: Franz Kafka: Nachgelassene Schriften und Fragmente II, Frankfurt a. M. (S. Fischer) 1992, S. 32

diese sehr ernsten Scherze: WA IV, 49, S. 283 (an W. v. Humboldt, 17. März 1832)

29 *Roman über das Weltall*: WA IV, 5, S. 232 (an Ch. v. Stein, 7. Dezember 1781)

30 *den Tod aber statuiere ich nicht*: Gespr. 5, S. 263 (mit E. Förster, 1825)

um uns eines gewagten Wortes zu bedienen: WA II, 1, S. XII (Entwurf einer Farbenlehre)

liebevolle Freude am Sinnlichen: WA II, 3, S. 121 (Zur Farbenlehre: Historischer Teil)

herabziehe: vgl. : »Es ist unglaublich, wie der Umgang der Weiber herabzieht.« Gespr. 10, S. 50 (Gespräch mit Fr. v. Müller, 14. Dezember 1808)

Ewig-Weiblichen: WA I, 15/1, S. 337 (Faust II, V. 12110)

Jungfrau, Mutter, Königin, / Göttin: WA I, 15/1, S. 337 (Faust II, V. 12102 f.)

Versinke denn! Ich könnt auch sagen: WA I, 15/1, S. 73 (Faust II, V. 6275)

ihr Kunstgriff, viel Leben zu haben: WA II, 11, S. 7 (Die Natur. Fragment)

Selige Sehnsucht: vgl. WA I, 6, S. 28 (West-östlicher Divan: Selige Sehnsucht)

der Menschheit bestes Teil: WA I, 15/1, S. 72 (Faust II, V. 6272)

31 *ich aber finde, daß man sie alle umkehren kann*: WA I, 24, S. 99 (Wilhelm Meisters Wanderjahre)

32 *mit dem Schweren und Guten*: WA I, 20, S. 263 (Die Wahlverwandtschaften. Aus Ottiliens Tagebuche)

Vorgetragen im Gemeindehaus der Jüdischen Gemeinde Bern, 11. Februar 2002. Erstdruck

33 *dulden wir keinen Juden:* WA I, 25, S. 210 (Wilhelm Meisters Wanderjahre)
    Das israelitische Volk: WA I, 24, S. 248 (Wilhelm Meisters Wanderjahre)
    Wir dürfen weder Gutes noch Böses: WA I, 25, S. 183 f. (Wilhelm Meisters Wanderjahre)

35 *Humanitätssalbader:* WA IV, 20, S. 50 (an Bettina Brentano, 20. April 1808)
    daß man eben zur Zeit: WA IV, 20, S. 42 (an Bettina Brentano, 3. April 1808)
    den Finanzgeheimräthlichen Jacobinischen Israels Sohn: WA IV, 20, S. 50 (an Bettina Brentano, 20. April 1808)
    Ich entsage dagegen: WA IV, 28, S. 183 (an J. J. v. Willemer, 17. Juli 1817)

36 *Er ahndete die schlimmsten:* Gespr. 4, S. 271 (mit Fr. v. Müller, 23. Sept. 1823)
    dezidirter Nichtkrist WA IV, 6, S. 20 (an J. K. Lavater, 29. Juli 1782)
    Die Weiber wissen niemals: Gespr. 2, S. 325 (mit F. W. Riemer, August 1810)

37 *hartnäckige Natur:* WA I, 7, S. 156 (Noten und Abhandlungen zu besserem Verständnis des West-östlichen Divans)
    Nation und Patriotismus, mehr als: WA I, 37, S. 271 (Recensionen in die Frankfurter gelehrten Anzeigen. Über die Liebe des Vaterlandes, von J. v. Sonnenfels. Wien. 1771)
    daß die liebe Judenschaft: WA IV, 43, S. 261 (an C. F. Zelter, 24. Jan. 1828)
    die Juden von der Bühne herab: Herwig, Bd. 2, S. 1214 (K. Eberwein, 1856)
    Herr Fischer: WA I, 36, S. 245 (Biographische Einzelnheiten)
    unangenehmsten Eindruck: WA I, 26, S. 235 f. (Dichtung und Wahrheit)

38 *Dabei schwebten die alten Märchen von Grausamkeit:* WA I, 26, S. 236 (Dichtung und Wahrheit)
    Überall war ich wohl aufgenommen: WA I, 26, S. 237 (Dichtung und Wahrheit)
    Was für Bemerkungen wird er machen: WA I, 37, S. 221 (Gedichte von einem Polnischen Juden)

wenn man aber in allem zusammen: WA I, 37, S. 222 (Gedichte von einem Polnischen Juden)

39 *Das jüdische Volk seh' ich für einen wilden unfruchtbaren*: WA I, 37, S. 180 (Zwo wichtige bisher unerörterte biblische Fragen ...)
Wie gerne wirft man den beschwerlichen: WA I, 37, S. 184 f. (Zwo wichtige bisher unerörterte biblische Fragen ...)

40 *zwischen Heiden, Juden und Christen geklemmt*: WA IV, 48, S. 156 (an Sulpiz Boisserée, 22. März 1831)

41 *Das eigentliche, einzige und tiefste Thema*: WA I, 7, S. 157 (Noten und Abhandlungen zu besserem Verständnis des West-östlichen Divans)
Dulden heißt beleidigen: WA I, 42/2, S. 221 (Maximen und Reflexionen über Literatur und Ethik. Aus dem Nachlaß

43 *barbarischen Avantagen*: WA I, 45, S. 177 (Anmerkungen über Personen und Gegenstände, deren in dem Dialog Rameau's Neffe erwähnt wird)
Schöpft des Dichters reine Hand, / Wasser wird sich ballen: WA I, 6, S. 22 (West-östlicher Divan: Lied und Gebilde)

44 *Mythen*: WA I, 26, S. 294 (Dichtung und Wahrheit)
Patriarchenluft: WA I, 6, S. 5 (West-östlicher Divan: Hegire)
Bibelfestigkeit: vgl. WA I, 7, S. 129 (Noten und Abhandlungen zu besserem Verständnis des West-östlichen Divans)
wiederholte Pubertät: Eckermann, S. 583 (11. März 1828)
alte Wahre: WA I, 3, S. 83 (Vermächtnis)

45 *Ich kam [...] auf den Gedanken*: WA I, 26, S. 195 f. (Dichtung und Wahrheit)

46 *un wenn äh enziger Goye sich*: WA I, 37, S. 59 f. (Judenpredigt)

47 *durch eine Vermummung den väterlichen Segen*: WA I, 26, S. 220 (Dichtung und Wahrheit)
wiederholte Spiegelung: vgl. WA I, 42, S. 56 (Literatur. Aus dem Nachlaß)

48 *Diesem dürfte zur Antwort dienen*: WA I, 26, S. 221 (Dichtung und Wahrheit)

51 *Wo aber Gefahr ist*: Friedrich Hölderlin: Patmos
Jakobä. Wenn sie ein Trauerspiel spielen: WA I, 37, S. 112 (Ephemerides 1770)

52 *Die Juden haben Schnüre*: WA IV, 5, S. 80 (an Ch. von Stein, 12. März 1780)
Mir lag daran, Goethes Meinung: Gespr. 4, S. 107 (mit J. S. Grüner, 30. August 1821)
alberne Judenfabel: WA IV, 5, S. 140 (an Friedrich Müller, 21. Juni 1781)

Wenn ich nun aber: WA IV, 5, S. 140 f. (an Friedrich Müller, 21. Juni 1781)

53 *Eine Anzahl vom Himmel herab erbärmlich*: WA IV, 5, S. 141 f. (an Friedrich Müller, 21. Juni 1781)

54 *Die Wüste wächst*: Friedrich Nietzsche: Dionysos-Dithyramben (Unter Töchtern der Wüste)
Durch einen sonderbar glücklichen Zufall: WA IV, 9, S. 107 (an Caroline Herder, 4. Mai 1790)

55 *So sang ein jeder seine Weise*: WA I, 7, S. 72 f. (Noten und Abhandlungen zu besserem Verständnis des West-östlichen Divans)

Goethes Lebensträume

Vorgetragen im Römer, Frankfurt am Main, 21. April 1999
Erstdruck

56 *Wiederholter Pubertät*: vgl. Eckermann, S. 583 (11. März 1828)
57 *die wiederholte Spiegelung*: vgl. WA I, 42, S. 56 (Literatur. Aus dem Nachlaß)
Was ist das Allgemeine?: WA II, 11, S. 127 (Über Naturwissenschaft im Allgemeinen, einzelne Betrachtungen und Aphorismen)
58 *Wenn man z. B. ein sehr spezielles Gebiet*: Werner Heisenberg (Nachweis s. bei »Goethe light«)
59 *Das Messen eines Dings ist*: WA II, 11, S. 316 (Studie nach Spinoza)
60 *Und vielleicht noch mehr*: WA I, 24, S. 99 (Wilhelm Meisters Wanderjahre)
61 *dein Sinn zu, dein Herz tot*: WA I, 14, S. 30 (Faust I, V. 444)
Individuum est ineffabile: WA IV, 4, S. 300 (an J. K. Lavater, 20. Sept. 1780)
Du gleichst dem Geist: WA I, 14, S. 33 (Faust I, V. 521 f.)
64 *kleinsten Schar*: WA I, 3, S. 83 (Vermächtnis)
in herbis et lapidibus: WA IV, 7, S. 64 (an F. H. Jacobi, 9. Juni 1785)
Füllest wieder Busch und Tal: WA I, 1, S. 100 (An den Mond)
65 *scheisige Herrlichkeit*: vgl. : »das durchaus Scheisige dieser Herrlichkeit«: WA I, 3, S. 21 (an J. H. Merck, 22. Jan. 1776)
69 *Ihre Liebe, und diese Felsen*: WA IV, 4, S. 281 (an Ch. von Stein, 6. September 1780)
Wenn man nun nimmt: WA IV, 5, S. 24 (an Herzog Ernst II. von Sachsen-Gotha, 27. Dez. 1780)
70 *der Mineralogische Theil ist wohl nicht für dich*: WA IV, 5, S. 235 (an Ch. von Stein, 9. Dezember 1781)

Ich heise Legion: WA IV, 5, S. 123 (an J. K. Lavater, 7. Mai 1781)

71 *Sag mir, daß du mich liebst*: WA IV, 5, S. 133 (an Ch. von Stein, 5. Juni 1781 u. öfter)

72 *Roman über das Weltall*: WA IV, 5, S. 232 (an Ch. v. Stein, 7. Dezember 1781)

    Land, wo die Zitronen blühn: WA I, 21, S. 233 (Wilhelm Meisters Lehrjahre)

73 *Sie wissen, wie simbolisch mein daseyn ist*: WA IV, 3, S. 199 (an Ch. von Stein, 10./11. Dez. 1777)

76 *Im Anfang war die Tat*: WA I, 14, S. 63 (Faust I, V. 1237)
    Die Tat belebt, aber beschränkt: WA I, 23 S. 213 (Wilhelm Meisters Lehrjahre)
    Diese sehr ernsten Scherze: WA IV, 49, S. 283 (an W. v. Humboldt, 17. März 1832)

78 *Denn wozu dient alle der Aufwand*: WA I, 46, S. 22 (Winckelmann)

Die Teufelswette

Vorgetragen am Goethe-Institut Rio de Janeiro, 15. Sept. 1999
Erstdruck

79 *eritis sicut Deus*: WA I, 14, S. 95 (Faust I, V. 2048)

81 *Kannst du mich schmeichelnd je belügen*: WA I, 14, S. 81 (Faust I, V. 1694ff.)
    Werd' ich zum Augenblicke sagen: WA I, 14, S. 82 (Faust I, V. 1699ff.)
    Du gleichst dem Geist, den du begreifst: WA I, 14, S. 33 (Faust I, V. 521f.)

82 *die Tat belebt, aber beschränkt*: WA I, 23, S. 213 (Wilhelm Meisters Lehrjahre)
    des Pudels Kern: WA I, 14, S. 66 (Faust I, V. 1323)

83 *Ein Teil von jener Kraft*: WA I, 14, S. 67 (Faust I, V. 1535f.)
    Was fruchtbar ist, allein ist wahr: WA I, 3, S. 83 (Vermächtnis)

84 *Nichts Abgeschmackters find' ich auf der Welt*: WA I, 14, S. 169 (Faust I, V. 3372f.)

85 *Und hätt' er sich auch nicht dem Teufel übergeben*: WA I, 14, S. 88 (Faust I, V. 1866f.)

86 *so herrlich weit gebracht*: WA I, 14, S. 35 (Faust I, V. 573)
    nach außen nichts bewegen: WA I, 14, S. 76 (Faust I, V. 1569)
    keiner von den Großen: WA I, 14, S. 79 (Faust I, V. 1641)

87 *Du hörest ja, von Freud' ist nicht die Rede*: WA I, 14, S. 84 (Faust I, V. 1765ff.)

89 *Aus dieser Erde quillen meine Freuden*: WA I, 14, S. 80 (Faust I, V. 1663 ff.)
    Zwei Seelen wohnen, ach! in meiner Brust: WA I, 14, S. 57 (Faust I, V. 1112 ff.)

91 *tatenarm und gedankenvoll*: vgl. Friedrich Hölderlin: An die Deutschen

92 *Der Versuch als Vermittler von Objekt und Subjekt*: WA II, 11, S. 21

93 *der Geist, der stets verneint*: WA I, 14, S. 67 (Faust I, V. 1338)

96 *Der Mensch muss wieder ruiniert werden*: Eckermann, S. 587 (11. März 1828)
    Denn alles, was entsteht: WA I, 14, S. 67 (Faust I, V. 1339 f.)

97 *Alles Vergängliche / Ist nur ein Gleichnis*: WA I, 15/1, S. 337 (Faust II, V. 12104 f.)

98 *Welch Schauspiel! aber ach! ein Schauspiel nur!*: WA I, 14, S. 30 (Faust I, V. 454)
    Das Ewig-Weibliche / Zieht uns: WA I, 15/1, S. 337 (Faust II, V. 12110 f.)
    Durch Weiberkünste, schwer zu kennen: WA I, 15/1, S. 275 (Faust II, V. 10714 ff.)
    Denn das Naturell der Frauen: WA I, 15/1, S. 24 (Faust II, V. 5106 f.)
    verteufelt human: WA IV, 16, S. 11 (an Fr. Schiller, 19. Januar 1802)

Farbe, Kreuz, Gedicht

Überarbeitete Fassung des Festvortrags an der 72. Hauptversammlung der Goethe-Gesellschaft in Weimar, 23. Mai 1991; gedruckt unter dem Titel: »Vom tragbaren Augenblick«, in: Goethe-Jahrbuch (108) 1991, S. 19-30

100 *Lieben Kinder, still, still*: Herwig, Bd. 2, S. 1021 (E. M. Arndt, 26. Juli 1815)
    Nimmer habe ich Steins Rede: Herwig, Bd. 2, S. 1022 (E. M. Arndt, 26. Juli 1815)
    So rissen wir uns rings herum: WA I, 16, S. 380 (Des Epimenides Erwachen)

101 *ich habe oft einen bittern Schmerz empfunden*: Gespr. 3, S. 103 f. (mit H. Luden, November 1813)
    moralischen und literarischen Verein: WA IV, 24, S. 151 (an Franz Bernhard von Bucholtz, 14. Febr. 1814)
    Zur Nation euch zu bilden: WA I, 5/1, S. 218 (Aus dem Nachlaß. Xenien)

da der Deutsche nichts Positives anerkennt: WA IV, 24, S.152 (an
Franz Bernhard von Bucholtz, 14. Febr. 1814)

102 *Gott gefiele, in Einer Nacht*: WA IV, 24, S. 151 (an Franz Bernhard von
Bucholtz, 14. Febr. 1814)

überlassen wir Privatleute, wie billig: WA IV, 24, S. 151 (an Franz Bernhard von Bucholtz, 14. Febr. 1814)

Doch schon hab ich umgelost: WA I, 6, S. 163 (West-östlicher Divan:
Volk und Knecht und Überwinder)

wiederholte Pubertät: Eckermann, S. 583 (11. März 1828)

103 *des Lebens Leben*: WA I, 6, S. 169 (West-östlicher Divan: Nimmer will
ich dich verlieren!)

Dir mit Wohlgeruch zu kosen: WA I, 6, S. 139 (West-östlicher Divan:
An Suleika)

104 *Uns Übersechzigern aber bleibt nichts übrig*: WA IV, 24, S. 93 (an v.
Trebra, 7. Jan. 1814)

old Iniquity: WA I, 15/1, 115 (Faust II, V. 7123)

süße Friede: vgl. WA I, S. 98 (Wandrers Nachtlied)

Resignatio ist keine schöne Gegend: Gottfried Keller: Berliner
Schreibunterlage (Abb. G. Keller: Sämtliche Werke, Bd. 22)

wer nicht verzweifeln kann, muß nicht leben: Gespr. 5, S. 63 (mit F. v.
Müller, 3. April 1824)

105 *None can usurp this height*: John Keats: Hyperion

Sie werden alles gegen sich haben: Gespr. 3, S. 102 f. (mit Luden, November 1813)

Mir gefällt zu conversiren: WA I, 6, S. 99 (West-östlicher Divan: Übermacht, ihr könnt es spüren)

106 *oberen Leitenden*: vgl. WA I, 7, S. 76 (Noten und Abhandlungen zu
besserem Verständnis des West-östlichen Divans)

wieder ruiniert werden: Eckermann, S. 587 (11. März 1828)

107 *guten Mutter*: vgl. WA II, 11, S. 52 (Einwirkung der neuern Philosophie)

sanften Gesetz: Adalbert Stifter spricht vom sanften Gesetz, nach dem
das menschliche Schicksal geleitet wird.

höheren Begattung: vgl. WA I, 6, S. 28 (West-östlicher Divan: Selige
Sehnsucht)

Patriarchenluft: WA I, 6, S. 5 (West-östlicher Divan: Hegire)

zum Starren waffnet: vgl. WA I, 3, S. 81 (Eins und Alles)

berechtigte Männer: WA I, 6, S. 248 (West-östlicher Divan: Berechtigte
Männer)

108 *wenn es nicht erschiene*: WA I, 10, S. 296 (Die Natürliche Tochter)

111 *Das Wort ist ein Fächer*: WA I, 6, S. 42 (West-östlicher Divan: Wink)

Taten und Leiden des Lichts: WA II, 1, S. IX (Entwurf einer Farbenlehre)

trübe Gast auf der dunklen Erde: vgl. WA I, 6, S. 28 (West-östlicher
Divan: Selige Sehnsucht)

113 *grauliche Tag hinten im Norden:* vgl. WA I, 1, S. 242 (Elegien: O wie
fühl' ich in Rom ...)

Wo hast du das genommen: WA I, 6, S. 95 (West-östlicher Divan: Wo
hast du das genommen)

114 *Verweile doch! du bist so schön:* WA I, 14, S. 82 (Faust I, V. 1700)

der habe Religion: WA I, 5, S. 134 (Aus dem Nachlaß. Zahme Xenien)

115 *sehr ernsten Scherz:* vgl. WA IV, 49, S. 283 (an W. v. Humboldt, 17.
März 1832)

117 *Brüdern im stillen Busch:* vgl. WA I, 14, S. 163 (Faust I, V. 3226 f.)

Chladnische Klangfiguren: vgl. WA II, 5, S. 294 (Zur Farbenlehre. Entoptische Farben)

atmosphärische Meteore: WA II, 5, S. 296 (Zur Farbenlehre. Entoptische Farben)

118 *höchst sauber und zierlich gearbeitet:* WA II, 5, S. 287 (Zur Farbenlehre. Entoptische Farben)

ohne einen völlig reinblauen Himmel: WA II, 5, S. 286 (Zur Farbenlehre. Entoptische Farben)

Am farbigen Abglanz haben wir das Leben: WA I, 15/1, S. 7 (Faust II,
V. 4727)

119 *Wie die Säule des Lichts:* Friedrich Schiller: Werke, Nationalausgabe,
Bd. 1, S. 229 (Würden)

Bejahende, verneinende Eigenschaften bezeichnen: WA I, 7, S. 59 (Noten und Abhandlungen zu besserem Verständnis des West-östlichen
Divans)

121 *sich selbst widersprechenden Wesen:* vgl. WA II, 11, S. 10 (Erläuterung, zu dem aphoristischen Aufsatz »Die Natur«)

Was fruchtbar ist, allein ist wahr: WA I, 3, S. 83 (Vermächtnis)

122 *Ungeduld, Vorschnelligkeit, Selbstzufriedenheit:* WA II, 11, S. 28 (Der
Versuch als Vermittler von Objekt und Subjekt)

123 *an den Busen meinem Volke:* WA I, 6, S. 271 (West-östlicher Divan:
Gute Nacht!)

die Wüste wächst: Friedrich Nietzsche: Dionysos-Dithyramben (Unter Töchtern der Wüste)

124 *beherrsche diese Lüge:* WA I, 6, S. 85 (West-östlicher Divan: Freigebi-
ger wird betrogen)

künftiger Divan: WA I, 7, S. 132 (Noten und Abhandlungen zu besserem Verständnis des West-östlichen Divans)

nur den Weisen: WA I, 6, S. 28 (West-östlicher Divan: Selige Sehnsucht)

offenbaren Geheimnis: vgl. WA I, 6, S. 41 (West-östlicher Divan: Offenbar Geheimnis)

125 *einigen wenigen auserlesenen Zirkeln*: Friedrich Schiller: Werke und Briefe, Frankfurt am Main 1992, Bd. 8, S. 676 (Über die ästhetische Erziehung des Menschen in Briefen, 27. Brief.)

127 *die auf vielfache Weise möglich wäre*: WA II, 5, S. 254 (Zur Farbenlehre. Entoptische Farben)

Nur der Naturforscher ist verehrungswert: WA I, 20, S. 292 (Die Wahlverwandtschaften. Aus Ottiliens Tagebuche)

128 *Wir haben zur Bedingung gemacht*: WA II, 5, S. 273 (Zur Farbenlehre. Entoptische Farben)

Viel ist hiervon gesagt: WA II, 5, S. 285 (Zur Farbenlehre. Entoptische Farben)

Wenn man von vornherein nicht schon fundiert: WA II, 5, S. 286 (Zur Farbenlehre. Entoptische Farben)

Der Versuch als Vermittler von Objekt und Subjekt: WA II, 11, S. 21

glücklich geborenen, geübten Malerauges: vgl. WA II, 5, S. 308 (Zur Farbenlehre. Entoptische Farben)

Das klarste Licht des Vollmonds: WA II, 5, S. 270 (Zur Farbenlehre. Entoptische Farben)

129 *Man lasse sich nicht irre machen*: WA II, 5, S. 292 f. (Zur Farbenlehre. Entoptische Farben)

das eigentliche Gesamtleben der Natur: WA II, 5, S. 293 (Zur Farbenlehre. Entoptische Farben)

130 *zarte Empirie*: vgl. WA I, 11, S. 128 (Über Naturwissenschaft im Allgemeinen, einzelne Betrachtungen und Aphorismen)

131 *Polarität und Steigerung*: WA II, 11, S. 11 (Erläuterung zu dem aphoristischen Aufsatz »Die Natur«)

132 *daß die reine Prosa der Handlung*: WA I, 7, S. 17 (Noten und Abhandlungen zu besserem Verständnis des West-östlichen Divans)

Die Zähne sind wie Perlen weiß: WA I, 7, S. 73 (Noten und Abhandlungen zu besserem Verständnis des West-östlichen Divans)

133 *Chisers Quell*: WA I, 6, S. 5 (West-östlicher Divan: Hegire)

herzlich geneigt, die Dinge: Friedrich Schiller an Goethe, in: Der Briefwechsel zwischen Schiller und Goethe, hg. v. Emil Staiger, Frankfurt a. M. (Insel) 1977, S. 217 (28. Juni 1796)

Tragelaph: WA IV, 10, S. 269 (an Fr. Schiller, 18. Juni 1795)

134 *bei dieser Behandlung nicht zerspringt*: WA II, 5, S. 257 (Zur Farbenlehre. Entoptische Farben)

zarteste Sache von der Welt: WA II, 5, S. 261 (Zur Farbenlehre. Entoptische Farben)

Was davon bei dieser Behandlung: WA II, 5, S. 257 (Zur Farbenlehre.
Entoptische Farben)

135   *daß das kleinste Stück*: WA II, 5, S. 292 (Zur Farbenlehre. Entoptische
Farben)

Um ein Fläschchen zu besitzen: WA I, 6, S. 139 (West-östlicher Divan:
An Suleika)

Unser ganzes Kunststück: Herwig, Bd. 2, S. 663 (mit Riemer, 24. Mai
1811)

Sie ist listig, aber: WA II, 11, S. 9 (Die Natur. Fragment)

136   *die Liederlichen zu nennen mich erkühnt*: WA II, 7, S. 76 (Problem und
Erwiderung)

Sie ist die einzige Künstlerin: WA II, 11, S. 6 (Die Natur. Fragment)

Sie spielt ein Schauspiel: WA II, 11, S. 6 (Die Natur. Fragment)

137   *Wir leben mitten in ihr*: WA II, 11, S. 5 (Die Natur. Fragment)

Fremde des Lebens: vgl. Emil Staiger: Friedrich Schiller. Fremde des
Lebens . . ., Zürich (Atlantis) 1967

Der Tod ist ihr Kunstgriff: WA II, 11, S. 9 (Die Natur. Fragment)

Unbetretenen, [. . .] nicht zu Erbittenden: WA I, 15/1, S. 70 (Faust II,
V. 6223 f.)

138   *old Iniquity*: WA I, 15/1, S. 115 (Faust II, V. 7123)

englischen Unterpfand: vgl. WA I, 15/1, S. 332 (Faust II, V. 11984)

Puppenstand: WA I, 15/1, S. 332 (Faust II, V. 11982)

andern, welche, mit unserer Verfahrungsart unzufrieden: WA II, 5,
S. 316 (Zur Farbenlehre. Entoptische Farben)

Goethe in Ilmenau – Mutmaßung über ein Verstummen

Vorgetragen am 27. August 1999 in Ilmenau
Erstdruck in: Neue Zürcher Zeitung, 12. Februar 2000, unter dem Titel:
»Goethe in Ilmenau – Mutmassung über ein Verstummen. Wie Goethe
den Bergbau in Ilmenau pries und sich dabei in die Seele blicken liess«

139   *sich gleichsam als ein neuer Berg*: WA I, 36, S. 368 (Rede bei Eröffnung
des neuen Bergbaues zu Ilmenau, den 24. Februar 1784)

142   *Jede neue Anstalt ist wie*: WA I, 36, S. 371 (Rede bei Eröffnung des
neuen Bergbaues zu Ilmenau)

Gleich zu Anfange, jetzo: WA I, 36, S. 371 (Rede bei Eröffnung des
neuen Bergbaues zu Ilmenau)

143   *Kommt dereinst der Bergbau*: WA I, 36, S. 371 f. (Rede bei Eröffnung
des neuen Bergbaues zu Ilmenau)

Sie wissen, wie symbolisch mein daseyn ist: WA IV, 3, S. 199 (an Ch.
von Stein, 10./11. Dez. 1777)

144 *Wir können einander nichts seyn und sind:* WA IV, 3, S. 103 (an Ch.
von Stein, September 1776)
Ob ich Sie auch wircklich liebe oder: WA IV, 3, S. 183 f. (an Ch. von
Stein, 8. Nov. 1777)
wir waren einst Mann und Weib: WA IV, 3, S. 52 (an Chr. M. Wieland,
April 1776)
den tiefen Unglauben Ihrer Seele an sich selbst: WA IV, 3, S. 48 (an Ch.
von Stein, 31. März 1776)
O hätte meine Schwester einen Bruder irgend: WA IV, 3, S. 34 (an Ch.
von Stein, 24. Febr. 1776)
Ich liebe dich wie ich lieben kan: WA IV, 4, S. 113 (an J. K. Lavater, 28.
Oktober 1779)
Sie lehren mein überall verschuldetes Herz haushältischer werden: WA
IV, 5, S. 71 (an Ch. von Stein, 8. März 1781)

146 *Nicht weit von dem Orte:* WA I, 36, S. 369 (Rede bei Eröffnung des
neuen Bergbaues zu Ilmenau)
Wieder einen Finger schlägst du mir ein!: WA I, 6, S. 261 (West-östlicher Divan: Wieder einen Finger schlägst du mir ein!)
geringen Öffnung, die wir heute: vgl. WA I, 36, S. 369 (Rede bei Eröffnung des neuen Bergbaues zu Ilmenau)
Nunmehr aber, da wir jene ersoffne: WA I, 36, S. 369 (Rede bei Eröffnung des neuen Bergbaues zu Ilmenau)

147 *auf freiem Grund mit freiem Volke stehn:* WA I, 15/1, S. 316 (Faust II,
V. 11580)
höhere Begattung: vgl. WA I, 6, S. 28 (West-östlicher Divan: Selige
Sehnsucht)

148 *Ich bin ein sehr irdischer Mensch:* WA IV, 4, S. 112 (an J. K. Lavater,
28. Oktober 1779)
du hast ausser den Steinen keine Nebenbuhlerinn: WA IV, 6, S. 334 (an
Ch. von Stein, 11. August 1784)
Der Mineralogische Theil ist wohl nicht für dich: WA IV, 5, S. 235 (an
Ch. von Stein, 9. Dezember 1781)

150 *Ich gebe, seit ich mit Bergwercks Sachen:* WA IV, 4, S. 278 (an Sophie
von La Roche, 1. September 1780)
Jezt leb ich mit Leib und Seel in Stein und: WA IV, 4, S. 285 (an Ch. von
Stein, 7./8. September 1780)
Sie hat meine Mutter, Schwester und Geliebten: WA IV, 4, S. 299 (an
J. K. Lavater, 20. September 1780)

153 *reine Hand:* WA I, 6, S. 22 (West-östlicher Divan: Lied und Gebilde)
beweglichen Ordnung: vgl. WA I, 3, S. 91 (Metamorphose der Tiere)

156 *unreiner Ort:* vgl. WA IV, 4, S. 286 (an Ch. von Stein, 9. September 1780)

herrlich, herrlich: WA IV, 3, S. 57 (an Herzog Carl August, 4. Mai 1776)

dem Wuste des Städgens, [. . .] der Unverbesserlichen Verworrenheit: WA IV, 4, S. 281 (an Ch. von Stein, 6. September 1780)

des Treibens müde: WA I, 1, S. 98 (Wandrers Nachtlied)

Es will mir hier nicht wohl werden: WA IV, 4, S. 287 (an Ch. von Stein, 9.-12. September 1780)

157 *Könnten wir nur auch bald den armen:* WA IV, 4, S. 283 (an Ch. von Stein, 7./8. September 1780)

158 *Ihre Liebe, und diese Felsen:* WA IV, 4, S. 281 (an Ch. von Stein, 6. September 1780)

weit in Jahren vor: WA IV, 4, S. 299 (an J. K. Lavater, 20. September 1780)

Einen ganzen Tag ist mein Aug nicht aus: WA IV, 3, S. 95 (an J. G. Herder, 9. August 1776)

159 *Gold:* WA IV, 3, S. 74 (an Ch. von Stein, Juni 1776)

Impulsion, die man dem Wercke damals gab: WA IV, 6, S. 341 (an Herzog Carl August, 18. Oktober 1784)

160 *die Gewältigung des Wassers:* WA IV, 9, S. 154 (an C. G. Voigt sen., September 1789)

ein böses Geschäft, diese Danaiden Familie zu kontrolliren: WA IV, 10, S. 296 (an C. G. Voigt sen., 2. September 1795)

ein Werk, worauf so viel Zeit, Kraft und Geld verwendet: WA I, 35, S. 42 (Tag- und Jahres-Hefte 1795)

161 *ältesten Sohn:* vgl. WA II, 9, S. 174 (Über den Granit)

162 *Denn der Boden zeugt sie wieder:* WA I, 15/1, S. 239 (Faust II, V. 9937 f.)

Vorgetragen an der Kasseler Goethetagung, 20. März 1999
Erstdruck (gekürzt) in: Neue Zürcher Zeitung vom 17. April 1999, unter dem Titel:»Kosmologisches Entsetzen – anthropologisches Hochgefühl. Goethe und die Sterne« Zweiter Abdruck in: Wir wandeln alle in Geheimnissen. Neue Erfahrungen mit Goethe, hg. v. Ludolf von Mackensen, Kassel 2002, S. 11-22

164 *Nacht muß es sein, wo Friedlands*: Friedrich Schiller: Werke, Nationalausgabe, Bd. 8, S. 255 (Wallensteins Tod)
   In deiner Brust sind deines Schicksals Sterne: Schiller: Werke, Nationalausgabe, Bd. 8, S. 98 (Die Piccolomini)
   bestirnte Himmel über mir: vgl. Immanuel Kant: Kritik der praktischen Vernunft (Beschluß)
   das Wesen, wär' es: WA I, 10, S. 296 (Die Natürliche Tochter)
165 *Der Mensch, wie sehr ihn die Erde auch anzieht*: Herwig, Bd. 3/1, S. 62 (29. April 1818)
166 *Sternenstich*: Jean Paul: Herbst-Blumine
   Ich denke mir die Erde mit ihrem Dunstkreise: Eckermann, S. 210 (11. April 1827)
   Taten und Leiden: WA II, 1, S. IX (Entwurf einer Farbenlehre)
   ein Organ aufschließt: vgl.»Jeder neue Gegenstand, wohl beschaut, schließt ein neues Organ in uns auf.«: WA II, 11, S. 59 (Allgemeine Naturlehre. Bedeutende Fördernis durch ein einziges geistreiches Wort)
167 *zarte Empirie*: WA I, 11, S. 128 (Über Naturwissenschaft im Allgemeinen, einzelne Betrachtungen und Aphorismen)
   Ich habe mich [. . .] in den Naturwissenschaften: Eckermann, S. 206 (1. Febr. 1827)
   Die Astronomie [. . .] ist mir deswegen so wert: Herwig, Bd. 2, S. 755 f. (16. Dez. 1812)
168 *alle umkehren kann und daß sie alsdann eben so wahr sind*: WA I, 24, S. 99 (Wilhelm Meisters Wanderjahre)
   Jene beziehen sich sämmtlich auf Naturgeschichte: WA IV, 22, S. 307 f. (an F. C. F. von Müffling, 31. März 1812)
169 *Zu Herrn von Münchow von den Garten.* : WA III, 4, S. 273 f. (28. April 1812)
   beständig genau Zeit zu halten: zit. nach Reinhard Schielicke:»Astronomie in Jena«, in: jena-information 1988, S. 30
   Ursache, nach den bisherigen Behandlungen: zit. nach Reinhard Schielicke u. Kathrin Blumenstein:»Herzog Carl August, Goethe und

die Einrichtung der Herzoglichen Sternwarte zu Jena«, in: Goethe-Jahrbuch 109 (1992), S. 180

Ein Prof. Astronomiae sollte in zwei Jahren: wie oben, S. 180

Ich kenne Goethe sehr genau und intime: zit. nach Kurt-R. Biermann: »Bernhard August von Lindenau – Weggefährte und ›Widersacher‹ Goethes«, in: Goethe-Jahrbuch 96 (1979), S. 224

170 *ein Höheres kann es ihm nicht gewähren:* Eckermann, S. 275 (18. Februar 1829; Hervorhebung durch A. M.)

171 *Den Tod [...] statuiere ich nicht:* Gespr. 5, S. 263 (mit E. Förster, 1825)

Resultat unsres heutigen Abends: WA I, 24, S. 181 (Wilhelm Meisters Wanderjahre)

Große Gedanken und ein reines Herz: WA I, 24, S. 180 (Wilhelm Meisters Wanderjahre)

Für dergleichen Gegenstände: WA I, 29, S. 121 (Dichtung und Wahrheit)

172 *Derjenige, dessen Lebensgeschäft es ist:* WA IV, 22, S. 180 (an B. A. von Lindenau, 20. Okt. 1811)

Atmosphäre: vgl. WA IV, 31, S. 109 (an B. A. von Lindenau, 31. März 1819)

Denn wozu dient alle der Aufwand von Sonnen: WA I, 46, S. 22 (Winkkelmann)

173 *Wir leben mitten in ihr:* WA II, 11, S. 5 (Die Natur. Fragment)

was die Welt / Im Innersten zusammenhält: WA I, 14, S. 28 (Faust I, V. 382 f.)

im Anfang war die Tat: WA I, 14, S. 63 (Faust I, V. 1237)

174 *Jungfrau, Mutter, Königin,/ Göttin:* WA I, 15/1, S. 337 (Faust I, V. 12102 f.)

unglaublich herabzog: vgl. : »Es ist unglaublich, wie der Umgang der Weiber herabzieht.« Gespr. 10, S. 50 (mit Fr. v. Müller, 14. Dezember 1808)

geprägten Form, die lebend sich entwickelt: vgl. WA I, 3, S. 95 (Urworte. Orphisch)

175 *wie wir's dann zuletzt so herrlich weit:* WA I, 14, S. 35 (Faust I, V. 573 f.)

ergriffen und erstaunt: WA I, 24, S. 181 (Wilhelm Meisters Wanderjahre)

176 *sofort nun wende dich nach innen:* WA I, 3, S. 83 (Vermächtnis)

sich nicht ganz aus unserm Sonnensystem entfernen: WA I, 24, S. 284 (Wilhelm Meisters Wanderjahre)

eins und doppelt: WA I, 6, S. 152 (Gingo biloba)

177 *Grenzen der Menschheit*: WA I, 2, S. 81 (Grenzen der Menschheit)
     Kunstgriff, viel Leben zu haben: WA II, 1, S. 7 (Die Natur. Fragment)
     Die Überzeugung unserer Fortdauer: Eckermann, S. 265 (4. Febr.
     1829)
178 *Das Leben kehrte wieder*: WA I, 25, S. 297 (Wilhelm Meisters Wander-
     jahre)
179 *das Künftige voraus lebendig*: WA I, 3, S. 83 (Vermächtnis)
     Was ist das Allgemeine?: WA I, 11, S. 127 (Über Naturwissenschaft im
     Allgemeinen, einzelne Betrachtungen und Aphorismen)
180 *Dem Vortrefflichen gegenüber*: vgl. : »Gegen große Vorzüge eines an-
     dern gibt es kein Rettungsmittel als die Liebe.« WA I, 20, S. 262 (Die
     Wahlverwandtschaften. Aus Ottiliens Tagebuche)
     aus meiner Bahn geschritten: WA I, 20, S. 370 (Die Wahlverwandt-
     schaften)
     Die Hoffnung fuhr wie ein Stern: WA I, 20, S. 359 (Die Wahlverwandt-
     schaften)
181 *erregt den Gegensinn*: WA I, 20, S. 240 (Die Wahlverwandtschaften.
     Aus Ottiliens Tagebuche)
     daß in des Raumes Moderkält' und Enge: WA I, 3, S. 93 (Im ernsten
     Beinhaus war's wo ich beschaute)
     wiederholte Spiegelung: vgl. WA I, 42, S. 56 (Literatur. Aus dem Nach-
     laß)
182 *beständig dadurch in die Quere*: Herwig, Bd. 2, S. 689 (1811)